ESTUDIO DE LA MENTE

Psicología Budista

GESHE TASHI TSERING

PREFACIO DE LAMA ZOPA RIMPOCHÉ

Ediciones Amara. Ciutadella de Menorca

Título original: *Buddhist Psychology*
Publicado por cortesía de Wisdom Publications.

Ediciones Amara. Ciutadella de Menorca.

Publicado por vez primera en 2007.
por Ediciones Amara.

2006 © Gueshe Tashi Tsering & Centro budista Jamyang.
2007 © Por Ediciones Amara.
2007 © de la traducción: Carlos Ossés.

Diseño de la portada: © Federica Mahieu.

ISBN de la obra: 978-84-95094-26-1
Depósito Legal: B. 40.786-2007
Romargraf, S.A.
L`Hospitalet de Llobregat

SUMARIO

El mensaje de Buda es universal. Todos estamos inmersos en una búsqueda constante de la felicidad pero, de alguna manera, no somos capaces de encontrarla porque la buscamos de forma equivocada. Sólo cuando comencemos a apreciar a los demás seres, la verdadera felicidad crecerá en nuestro interior. Y, por tanto, la enseñanza fundamental del budismo es la compasión y la ética, combinadas con la sabiduría que conoce la naturaleza de la realidad. Las enseñanzas de Buda contienen todos los principios necesarios para eliminar el sufrimiento y hacer que la vida adquiera verdadero significado y, como tales, las enseñanzas no sólo son importantes para el mundo de hoy, sino que son verdaderamente esenciales.

Éste es el mensaje que mi precioso Maestro, Lama Thubten Yeshe, transmitió a sus estudiantes occidentales. Su capacidad para explicar el Dharma de una manera que resulte accesible y pertinente a todo el mundo permanece viva y crece cada día. Su organización, la Fundación para la Preservación de la Tradición Mahayana (FPMT) actualmente tiene centros en todo el mundo y la obra de Lama se sigue llevando a cabo a través del esfuerzo de muchos de sus estudiantes.

Los Fundamentos del Pensamiento Budista, elaborado por Geshe Tashi Tsering es uno de los cursos principales del programa de educación integrado del FPTM. Dentro de sus seis temas se puede encontrar la esencia del budismo tibetano. Los Fundamentos del Pensamiento Budista es una extraordinaria base para poder realizar un estudio más a fondo del budismo y, además, es una magnífica herramienta que nos permite transformar nuestra vida cotidiana.

Geshe Tashi es profesor residente en el Centro Budista Jamyang de Londres desde 1994. Su labor ha sido muy beneficiosa para guiar a los estudiantes allí y en muchos otros centros donde imparte sus enseñanzas. Además de su profundo conocimiento –es un Lharampa Geshe, la calificación educativa más elevada que existe dentro de nuestra tradición– su excelente dominio del inglés y su profundo conocimiento de sus estudiantes occidentales le permite explicar el Dharma de una manera que resulte accesible y relevante al mismo tiempo. Su sabiduría, compasión y buen humor se combinan con unas genuinas dotes para la enseñanza. Dentro de los seis libros de los que constan los Fundamentos del Pensamiento Budista encontrarás una combinación de conocimiento profundo y consejos sabios que pueden guiar tanto al practicante novato como al más experto en su sendero espiritual.

Tanto si lees este libro movido por la curiosidad como si lo haces como parte de tu viaje espiritual, espero de todo corazón que lo encuentres beneficioso y que te muestre un sendero que te abra tu corazón y desarrolle tu sabiduría.

Lama Zopa Rimpoché
Director espiritual
Fundación para la Preservación de la Tradición Mahayana

Hace poco tiempo, recibí la noticia de que mi amada madre padecía un cáncer terminal y esta noticia desató algunas emociones muy complejas. Al principio tuve la sensación de que nada podría ayudarme, ni siquiera las enseñanzas y prácticas budistas que tenía a mi alcance para aliviar el dolor y la confusión. He sido monje durante la mayor parte de mi vida y llevo practicando el adiestramiento mental y la psicología budista desde que era un adolescente y, sin embargo, debido a la relación tan estrecha que tengo con mi madre, no fui capaz de ver más allá de mis emociones reactivas básicas. La experiencia verdaderamente me demostró lo poderosos que son los estados de ánimo y lo importante que es alcanzar una vida mental sana y resistente.

Tal vez resulte tópico señalar que en la sociedad moderna, aunque cada vez somos más prósperos y disponemos de mayor tecnología, estos medios externos para alcanzar la felicidad no sirven de nada si nuestra mente se siente abatida. El bienestar físico y el bienestar de la sociedad dependen profundamente del bienestar psicológico. Llevo treinta años enseñando este concepto y he llegado firmemente a creerlo. Pero ese trauma personal me dejó bien claro hasta que punto nuestra felicidad en esta vida depende completamente de tener una mente sana. Y, por supuesto, la tradición budista va más allá de esta breve vida y abarca a incontables vidas de nuestra corriente mental, con la intención de alcanzar la felicidad en todas las vidas futuras hasta que seamos capaces de alcanzar la completa cesación del sufrimiento y nuestro objetivo final: la Iluminación.

Una vez acepté la trágica noticia de la enfermedad de mi madre, pude aplicar los conocimientos y las enseñanzas que me habían enseñado y poco a poco fui encontrando más equilibrio y calma. De ese modo, la segunda lección valiosa que aprendí de esa experiencia no solo fue lo poderosa que es nuestra vida emocional, sino también lo eficaz que puede resultar el adiestramiento mental. Sin lugar a dudas, la aplicación de las enseñanzas de Buda puede producir mucha calma y una mente estable y ayudarnos a superar las emociones que son potencialmente perniciosas. A pesar de la situación tan delicada por la que estaba pasando, ese episodio me proporcionó una oportunidad práctica de probar la eficacia de las teorías que llevo transmitiendo a los demás durante toda mi vida de adulto. Dentro del entorno monástico como en el que recibí mi adiestramiento, resulta sencillo estudiar, aprender y aceptar sin probar completamente las enseñanzas. En mi caso, el hecho de enseñar en Occidente y de reunirme con estudiantes occidentales que están enormemente interesados en la psicología terapéutica también ha ampliado mi conocimiento, pero esta experiencia en particular puso de manifiesto sin lugar a dudas la importancia crucial que tiene el bienestar mental.

Este libro es mi intento por hacer que la exposición tradicional de la mente y de sus estados de ánimo te resulte accesible y, con suerte, también más útil. He extraído todo lo escrito de las tres principales fuentes de la ciencia mental budista que se estudia en los monasterios del sur de la India. Estas fuentes son: los textos *Abhidharma* que tratan de la psicología budista; los textos *Pramana* sobre epistemología que tratan del desarrollo del entendimiento; y los textos *Vajrayana* o tántricos que exploran los conocimientos esotéricos de la mente.

Los Maestros budistas, incluyendo a Su Santidad el Dalai Lama, han afirmado que sin una exploración de esas tres categorías de la literatura budista, resulta imposible comprender a fondo el concepto budista de mente. Mi enfoque principal será las dos primeras áreas de estudio, las enseñanzas Abhidharma y Pramana. Las enseñanzas Vajrayana son muy avanzadas y van mucho más allá del alcance de este libro. El sexto volumen de esta serie estudia el Vajrayana con mayor profundidad. De igual modo, aunque me fijaré en los estados mentales positivos que podemos desarrollar, y en particular en las ventajas de practicar el altruismo, no trataré en profundidad el llamado aspecto del método de la mente, que es el tema central del cuarto libro de esta serie.

El conocimiento tradicional budista de la mente es increíblemente profundo. En muchos sentidos, las ciencias mentales occidentales sólo están empezando a avanzar hacia lo que durante siglos ha sido material de texto estándar de un monasterio budista. De hecho, la exposición rigurosa que han transmitido los grandes Maestros es tan extraordinaria que es posible que este libro te resulte un poco académico. Sin embargo, créeme si te digo que éste manual sirve para aplicarlo a nuestra vida y que su intención es que el lector llegue a utilizarlo como tal. Si pones en duda lo que lees a la menor oportunidad, analizando e investigando desde el punto de vista de tu propia experiencia, te darás cuenta de que es una obra pertinente y práctica. Las enseñanzas budistas tienen como objetivo alcanzar un estado de felicidad y acabar con el sufrimiento. La información que contiene este libro *debe* ser relevante a tu vida diaria ya que, de lo contrario, no tendría ninguna utilidad.

Todos tenemos un concepto de los aspectos emocionales y psicológicos de nuestra mente. Con este libro, espero ayudarte a investigar con mayor profundidad cómo es tu mente y cómo y por qué funciona de esta manera. Espero que llegues a darte cuenta de la primacía de la mente y que aprendas a dar los primeros pasos en el largo camino que conduce a la paz mental y al bienestar y, a través de ello, pretendo algo más que alcanzar un estado de simple equilibrio mental, espero que desarrolles plenamente una serie de cualidades como la paciencia, la tolerancia, la falta de apego, etcétera. Además, observando los cada vez más profundos niveles de sutileza que tiene la mente, espero demostrar lo inmensa y profunda que es. El objetivo del budismo es la eliminación de todo sufrimiento y, por esa razón, es necesario comprender los niveles más profundos de la mente. Cuando lo veamos desde una amplia perspectiva, seremos capaces de diseñar una estrategia que nos permita liberarnos de nuestros problemas. Si somos capaces de comprender la mente, entonces podemos cambiarla.

Algunas veces pienso que las únicas personas que están interesadas en cambiar nuestra mente son las agencias de publicidad y tengo muy claro que su motivación es muy poco positiva. Sin embargo, ¿por qué son los únicos que parecen conocer cuál es el poder de la mente y sus puntos débiles? Hace unos días, vi en la televisión británica un anuncio de una compañía de seguros que empezaba mostrando el rostro de una niña. A continuación, el rostro comenzó a envejecer, pasando de ser una adolescente a ser una mujer adulta hasta mostrar el rostro de una sexagenaria. Mientras observaba este proceso, me vino a la mente dos cosas. La primera de ellas fue pensar lo astutos que son los publicistas, jugando con nuestros miedos y con nuestra vulnerabilidad, ya que nos identificamos con la envejecida mujer que vemos en la pantalla y nos resulta imposible no tener la sensación de que la vejez también nos está esperando a la vuelta de la esquina y, como consecuencia de ello, debemos invertir el dinero en asegurar nuestros intereses para cuando lleguen esos años. En segundo lugar, el rostro del anuncio deja de envejecer cuando alcanza aproximadamente los sesenta años. Si hubiera seguido envejeciendo, creo que no habría logrado su propósito. La compañía de seguros no quiere que tengamos un conocimiento pleno de la devastación ante la que acabaremos por sucumbir con el paso del tiempo. Su objetivo es asustarnos lo suficiente como para gastar dinero, pero no tanto como para que lleguemos a perder la esperanza.

Sin embargo, en cierto modo, encuentro que este anuncio es muy beneficioso, ya que nos recuerda gráficamente que todos avanzamos inexorablemente hacia la vejez. Y, de igual manera que el rostro se transforma lentamente pasando de ser una adolescente a convertirse en una jubilada, podemos comprender que la mente también está en constante cambio. La mente que tenemos hoy producirá todas nuestras mentes futuras y el modo en el que se manifiesten depende de cómo dirijamos actualmente nuestros pensamientos. Por tanto, tenemos el poder de influir en nuestro propio futuro.

Para comprender la mente y su potencial, debemos aprender de las personas que tienen un profundo conocimiento, los Maestros que hacen comentarios sobre los temas que aparecen en este libro eran personas extraordinariamente realizadas y adquirieron sus conocimientos a través del estudio de las enseñanzas de Buda. Aunque no te consideres un budista ni tengas el menor interés en alcanzar la Liberación ni la Iluminación, el estudio de la mente que veremos en este libro puede afectar profundamente a sus pensamientos y a sus actos, así como al modo en el que vivas la vida de ahora en adelante.

La perspectiva científica penetra en nuestro pensamiento y define nuestra vida. Crecí con una profunda sospecha de la adoración que se profesa al progreso tecnológico y a las "verdades" que exponen los científicos. Sin embargo, cuando comencé a profundizar en el budismo, me di cuenta de que, a pesar de mi recelo, veía todas las cosas a través de la lente del razonamiento científico

El énfasis que pone la ciencia en las evidencias y en la lógica forma parte de la atracción que ejerce el budismo tibetano en muchos occidentales. Buda dijo que deberíamos comprobar sus enseñanzas de igual manera que el orfebre comprueba el oro y muchos de nosotros no aceptaríamos otra cosa. Una de las ventajas que tiene el sistema educativo occidental es que nos enseñan desde muy jóvenes a preguntar: "¿Por qué?" y, sin embargo, aunque la lógica del budismo nos atrae, no puede atraparnos por sí sola. Tal y como subraya Geshe Tashi en esta obra, el budismo aborda la realidad a través de una razón que va de la mano de la compasión y estos dos elementos no se pueden separar. La perspectiva sabia –el proceso de desarrollar un entendimiento puramente lógico de la naturaleza de la realidad– debe ir en paralelo con la perspectiva del método: el proceso de desarrollar un corazón bondadoso.

Aunque este libro se concentra en la lógica, no se olvida de la perspectiva intuitiva y emocional. Y aunque este comentario se basa en los distintos textos tradicionales que estudió Geshe Tashi en su monasterio, también se asienta en su singular habilidad para adaptar esta sabiduría ancestral a la mentalidad y a las necesidades del lector del siglo XXI.

Cuando lo conocí en 1992, Geshe-la se encontraba en el Monasterio Nalanda del sur de Francia, estudiando tanto el idioma inglés como la mentalidad occidental. Desde el primer momento en que entró en contacto con los occidentales, quiso conocernos y comprendernos para encontrar la mejor manera de transmitirnos el mensaje especial de las enseñanzas budistas. Nacido en 1958, en Purana, Tibet, Geshe Tashi huyó a la India con sus padres un año más tarde. A los trece años entró en la Universidad Monástica Sera Mey y pasó los siguientes dieciséis años trabajando para obtener su título de Geshe, graduándose como Lharampa Geshe, el nivel más elevado posible.

Después de pasar un año en el Highest Tantric College (Gyuto), Geshe-la comenzó su carrera docente en el Monasterio Kopan de Katmandú, el principal monasterio de la Fundación para la Preservación de la Tradición Mahayana (FPMT). A continuación, Geshe Tashi, se trasladó al Gandhi Foundation College en Nagpur y fue en esa época cuando el Director Espiritual de la FPTM, el Lama Thubten Zopa Rimpoché, le pidió que enseñara en Occidente. Después de pasar dos años en el Monasterio Nalanda de Francia, en 1994 Geshe Tashi se convirtió en profesor residente del Centro Budista Jamyang de Londres.

En su primer año en Jamyang observó que la enseñanza pasiva basada en los textos que habitualmente se asocia con el budismo tibetano muchas veces no era capaz de llegar de una manera significativa a los estudiantes de los centro Dharma occidentales. Y, por tanto, incorporando los métodos pedagógicos occidentales, diseñó un curso de dos años que consta de seis módulos para dar a sus estudiantes una visión general sólida del budismo. El libro que ahora tienes entre tus manos es el tercer curso de los Fundamentos del Pensamiento Budista.

Al igual que sucede con los demás libros que forman esta serie, muchas personas han participado de su desarrollo. También me gustaría ofrecer mi más caluroso agradecimiento a Lama Zopa Rimpoché, el director de la FPMT y la inspiración de los programas del grupo de estudio a los que pertenecen los Fundamentos del Pensamiento Budista.

1. LA MENTE EN EL BUDISMO

UNA CIENCIA INTERIOR

En el budismo tibetano, el estudio de la mente se clasifica como una *ciencia interior*. La psicología (el estudio de lo que es la mente) y la epistemología (el estudio de cómo funciona la mente) se consideran aspectos esenciales del camino espiritual. La medicina y la lógica son *ciencias exteriores*, y aunque se consideran muy importantes, tienen menos importancia en comparación con las ciencias interiores.

Esto se debe a que todo lo que Buda nos enseñó y, por tanto, todo lo que está dentro del canon budista, tiene como objetivo ayudarnos a aliviar el sufrimiento y a alcanzar la felicidad, y eso sólo sucede a través de la mente. La medicina puede curar el cuerpo, pero eso en sí mismo no nos hace felices. Según el budismo, incluso la salud física está asociada a los estados mentales. Por tanto, las verdaderas amenazas para nuestro bienestar son el apego, la ira o aversión y la ignorancia: las tres mentes venenosas principales que conducen a todas las demás aflicciones, tanto mentales como físicas. Sólo a través de un entendimiento completo de la mente y de sus funciones podemos esperar trascender los pensamientos y las emociones turbadoras que nos invaden.

Aunque el objetivo final del estudio de la mente es la liberación completa del sufrimiento, también podemos estudiar la mente por razones terapéuticas más inmediatas. Investigar la mente a través de un análisis de nuestros pensamientos, emociones, etcétera, es el primer paso para aliviar todo tipo de enfermedades mentales. En su primera enseñanza, Buda compara las etapas para liberar la mente con la recuperación de una enfermedad: si no reconocemos primero que estamos enfermos, no buscaremos ayuda. Y si no sabemos cuál es el origen de nuestra enfermedad, no podemos elegir la terapia que sea más eficaz. Buda utiliza la base de las cuatro verdades nobles para formular este pensamiento: la primera verdad, *la verdad del sufrimiento*, es la enfermedad. La segunda verdad, *la verdad del origen del sufrimiento*, se refiere a la causa de la enfermedad. La tercera verdad, *la verdad de la cesación*, es el entendimiento de que es posible alcanzar una curación completa. Y la cuarta verdad, *la verdad del sendero que conduce a la cesación*, es la curación. Las cuatro verdades nobles abarcan todo el sendero espiritual con todos sus distintos aspectos, pero podemos aplicarlos igualmente a la naturaleza de la mente. Para transformar la mente, debemos saber que se puede transformar, un entendimiento que sólo puede emerger del verdadero conocimiento de su naturaleza.

En la psicoterapia occidental, el paciente es igualmente sometido al conocimiento de cuál es su estado mental para poder influir en la curación. En este punto, los objetivos del budismo y de la psicoterapia occidental coinciden. Pero, aunque existan muchas similitudes, no comparten todos los objetivos. Pensar que hay muchas cosas en común donde existen diferencias fundamentales puede producir confusión.

Según los libros que he leído y las conversaciones que he mantenido con psicoanalistas, el objetivo del psicoanálisis es hacer que los distintos elementos de la psique –emociones, recuerdos, etc. – entren en armonía de tal modo que la persona desarrolle una mayor cohesión de su sentido del yo. Éste es el objetivo final. Por el contrario, la aspiración del budismo es elevarse por encima del propio concepto del ser o del "yo". En lugar de armonizar los elementos de la psique que no están en sintonía para que se conviertan en un todo, cosificando así el concepto del yo, el objetivo según las enseñanzas budistas es trascender el concepto mismo del yo. Eso es claramente una gran diferencia.

En su rechazo a la noción habitual del ser, el budismo es radical. El budismo entiende que, independientemente de lo que poseamos o de lo equilibrados que podamos ser desde el punto de vista emocional, en lo más profundo de nuestro ser habita constantemente una sensación de inseguridad que hasta que no se afronte, nos resulta muy difícil sentirnos completos; y que la causa de todo ello es la falsa noción del yo, del ser. Sufrimos porque tenemos un concepto equivocado de nuestro modo de existencia y sobre la base de ese entendimiento, deducimos erróneamente la existencia de un "yo" activo y real. Con esto no quiero decir que no seamos más que ilusiones o sueños, sino que la figura central en el drama de nuestra vida –el "yo" al que tanto nos aferramos– es una fantasía. Este concepto es muy sutil, pero si alguna vez queremos llegar a trascender el concepto del mundo limitado y limitador que albergamos, debemos entender qué es lo que verdaderamente constituye el conjunto de cuerpo y mente al que llamamos el "yo". Por esta razón, la psicología budista hace mucho hincapié en el análisis.

El psicoanálisis occidental busca las causas específicas que producen problemas mentales concretos, pero utiliza, desde un punto de vista budista, una escala de tiempo excesivamente irreal y corta. Sin duda, la ciencia occidental relativa a la mente ha evolucionado desde Freud, pero se sigue pensando que muchas de las penalidades por las que pasamos tienen su origen en nuestra infancia. Ésa no es la opinión del budismo. El budismo no considera que la causa principal de nuestros problemas sean un agente externo de esta vida, sino que se debe a un agente interno que se ha desarrollado a lo largo de muchas vidas: las tendencias habituales de nuestra mente. Nuestros padres y nuestro entorno, sin lugar a dudas, desempeñan un papel muy importante en la clase de personas que somos hoy, pero el budismo va mucho más lejos.

En mi opinión, el psicoanálisis occidental se parece un poco a la medicina occidental en cuanto que realiza un enfoque orientado a los síntomas, con el objetivo de afrontar los problemas específicos. El budismo entiende que los distintos estados mentales negativos son síntomas de un mal más profundo y trata de llegar hasta la causa principal de la enfermedad. El método budista es, por tanto, más holístico. Este método se refleja en la medicina tibetana, que no sólo pretende tratar las causas en lugar de los síntomas, sino que también es capaz de ver que esas causas están íntimamente relacionadas con las acciones que emanan de un punto de vista erróneo que tenemos de nuestro yo –viéndolo como autoexistente–, un punto de vista que el psicoanálisis occidental trata de reforzar. Esta última disciplina considera la enfermedad mental como una falta de armonía entre los elementos del yo; mientras que la primera considera a todo el concepto del yo como la enfermedad.

Aunque hay que tener en cuenta los importantes paralelismos y las diferencias fundamentales que existen entre el método occidental y el budista, es importante señalar que ninguno de ellos echa por tierra completamente la teoría del otro. Creo que los neurocientíficos, por ejemplo, pueden aprender muchas cosas de los textos antiguos. En ellos encontrarán que los científicos interiores de hace dos mil años, que sólo trabajaban con sus propias experiencias subjetivas de la mente, elaboraron una serie de teorías que igualan a las suyas en sofisticación y complejidad. A su vez, los practicantes budistas pueden aprender muchas cosas de la ciencia moderna de la mente. Los experimentos altamente sofisticados que determinan las funciones de las distintas partes del cerero son fascinantes, extraordinariamente útiles y totalmente compatibles con las ideas budistas.

LA MENTE EN LOS TEXTOS BUDISTAS

El Buda histórico, Sakyamuni, con frecuencia enseñaba conceptos relacionados con la mente y todas las exposiciones budistas de la mente posteriores se basaron en las propias palabras de Buda, los sutras. Los sutras que son comunes tanto a la tradición Theravada como a la tradición Mahayana, como el *Sutra de las Cuatro Verdades Nobles*, a menudo hacen referencia a la mente, analizando sus funciones y enseñándonos a purificar nuestras mentes venenosas presentes y transformándolas en sabiduría, entendimiento, compasión, etc[1].

Algunos sutras propios de la tradición Mahayana, como el *Sutra de la Perfección de la Sabiduría* (*Prajnaparamita Sutra*), hablan extensamente de la mente y explican cómo nuestro entendimiento se puede profundizar de tal modo que seamos capaces de comprender no sólo la realidad convencional sino también la realidad última del vacío.

Según el budismo tibetano, el Vajrayana –las intrincadas enseñanzas esotéricas conocidas comúnmente como *tantra*– también fue enseñado directamente por Buda. Los tantras contienen muchas enseñanzas sobre la naturaleza de la mente, incluyendo una serie de explicaciones sobre cómo los niveles sutiles de la mente se pueden manifestar de distintas maneras, y sobre cómo se pueden utilizar para comprender la naturaleza última de la realidad.

Las palabras de Buda se dividen en tres cestas o *pitakas*: el *Vinaya Pitaka*, el *Sutra Pitaka* y el *Abhidharma Pitaka*. Cada una de estas cestas, a través de la relación que guarda con las otras, tiene un enfoque único, y se corresponde con los tres adiestramientos superiores de conducta, concentración y sabiduría. El Vinaya se concentra en la conducta ética, especialmente en los votos monásticos y laicos y en la administración de los monasterios. El *Sutra Pitaka* es la colección de los discursos de Buda, unas enseñanzas que se concentran principalmente en el desarrollo de la concentración. El Abhidharma, redactado aproximadamente trescientos años después de la muerte de Buda, se concentra en gran medida en el desarrollo de la sabiduría o del conocimiento. El entendimiento de la mente entra dentro de esta última categoría ya que, ¿cómo podemos ignorar los mecanismos de nuestra mente y, al mismo tiempo, entender la naturaleza de la realidad?

El *Abhidharma Pitaka* incluye algunos textos que fueron originalmente escritos en pali, que es el idioma del canon Theravada, y algunos que fueron escritos originalmente en sánscrito, que es el idioma del canon Mahayana. Aunque los siete principales textos pali originales del Abhidharma todavía se conservan (gracias al extraordinario esfuerzo realizado por el pueblo de los países budistas de Sri Lanka, Myanmar y Tailandia), los textos escritos originalmente en sánscrito se han perdido. Como los textos raíces se han perdido, en los monasterios tibetanos se estudia tradicionalmente el Abhidharma a través de dos comentarios muy importantes: el *Tesoro de Conocimiento Válido* (*Abhidharmakosha*) escrito por Vasubandhu, un gran Maestro indio de alrededor del siglo V, y el *Compendio de Conocimiento Válido* (*Abhidharmasamucchaya*), escrito por su hermano Asanga.

Los textos Abhidharma de Vasubandhu y Asanga se concentran en los acontecimientos mentales que se producen dentro de estados mentales específicos, en las manifestaciones externas verbales y físicas que son consecuencia de dichos acontecimientos mentales y en los modelos de pensamiento habituales que conducen a la sabiduría y a la paz o al engaño y al sufrimiento. El proceso analítico de clasificación de los estados mentales en mentes de sabiduría y mentes de engaño agudiza nuestra apreciación con relación a qué cosas debemos desarrollar y qué cosas debemos abandonar.

El *Abhidharmakosha* se concentra casi completamente en la mente y en sus funciones. Describe los distintos tipos de mentes y explica cómo se pueden dar de manera simultánea. También es importante trabajar sobre el análisis, reforzando el concepto de que el desarrollo de una mente analítica es esencial para comprender la mente y para progresar en el camino que conduce a la sabiduría. El *Abhidharmakosha* demuestra que el budismo es mucho más que simple atención y concentración meditativa. Debemos alcanzar un verdadero entendimiento de los temas más profundos, como los cuatro sellos del budismo[2], e integrarlos en nuestra vida en el nivel más profundo, y por esa razón debemos tener una mente analítica. Ése es el método que describe el Abhidharma.

El otro grupo de textos que se concentran principalmente en la mente se llaman *Pramana*. Son una serie de textos epistemológicos que examinan el modo en el que funciona nuestra mente. Los dos Maestros indios en este campo son Dignaga (siglo V) y su discípulo indirecto Dharmakirti (siglo VII). Aunque las presentaciones epistemológicas de la mente ya se estudiaron antes de la época de estos expertos, fueron Dignaga y Dharmakirti los que establecieron esta tradición de manera sistemática. Por tanto, se consideran los fundadores de la epistemología budista.

Los textos que compusieron, como el *Compendio sobre la Percepción Válida* de Dignaga (*Pramanasamucchaya*) y el comentario de Dharmakirti al respecto, *Comentario sobre la Percepción Válida* (*Pramanavarttika*), así como los comentarios sobre estos textos realizados por posteriores Maestros tibetanos, dejan bien clara la diferencia que existe entre la consciencia perceptual y la consciencia conceptual y definen las mentes válidas y las equivocadas. También aclaran el aspecto epistemológico de la mente; cómo se desarrolla el conocimiento a través del proceso de análisis y de investigación.

Más allá de las fuentes Abhidharma y Pramana, la mente también se estudia dentro de los tratados de la tradición Mahayana como la *Guía al Modo de Vida del Bodhisattva* (*Bodhicharyavatara*), escrita por el gran Maestro indio Shantideva, que explica meticulosamente cómo cultivar gran compasión, reconocer y contrarrestar la ira y desarrollar cualidades como la concentración, el esfuerzo gozoso y la sabiduría.

Además, los textos Vajrayana contienen una serie de descripciones detalladas de los distintos acontecimientos mentales que funcionan tanto en el nivel consciente como en el nivel inconsciente —mientras estamos despiertos, dormidos o soñando, y durante el proceso de la muerte— y de cómo la mente pasa de una vida a la siguiente. A través del examen sistemático de todas esas enseñanzas, podemos diseñar una imagen completa de la mente.

Aunque estos textos son herramientas poderosas que nos permiten llegar a entender la mente y sus funciones desde todos los ángulos posibles, el entendimiento final de la naturaleza de la mente sólo puede emerger a través de nuestra propia experiencia. El propio Buda nos aconsejó que no nos limitáramos a aceptar sus palabras literalmente, sino que deberíamos examinarlas tal y como "un orfebre examinaría la calidad del oro". Aunque los practicantes budistas conocen la importancia que tienen las enseñanzas de Buda y de otros grandes Maestros sobre esos temas, nunca las aceptan sin antes llevar a cabo su propia investigación.

El razonamiento y el análisis crítico son los medios para alcanzar un profundo entendimiento de la naturaleza de la mente. Por tanto, no existe una contradicción en las distintas y a menudo diferentes explicaciones de la mente realizadas por distintos Maestros a lo largo de muchos siglos. Cada Maestro ha tomado las ideas de un Maestro anterior como punto de partida y ha alcanzado un entendimiento más profundo basándose en ellas.

EL ESTUDIO MONÁSTICO DE LA MENTE

Antes de empezar con los grandes textos, como el *Abhidharmakosha* o el *Pramanavarttika*, los estudiantes tibetanos normalmente estudian un texto preliminar, llamado un texto *de entrada* o *de introducción*, que condensa y categoriza el texto raíz para que les ayude a su memorización. En el caso de los tratados sobre epistemología y psicología, el texto de introducción se conoce como *lorig*, "consciencia" (*lo*) y "conocimiento" (*rig*).

La psicología, hablando en términos generales, se ocupa de cómo la mente interpreta el entorno exterior. Como tal, es un análisis del mundo interior de nuestra experiencia. Sin un conocimiento de nuestra experiencia del mundo en el que nos movemos y nos comunicamos, no hay forma de comprender, por ejemplo, la primera verdad noble, la verdad del sufrimiento– el punto de partida del viaje espiritual.

La epistemología, a su vez, es el estudio del conocimiento: cómo sabemos lo que sabemos y cómo podemos probar su validez y perfeccionar nuestro conocimiento. Como tal, va más allá del simple análisis de la experiencia cotidiana para llegar a un genuino entendimiento de la sabiduría.

Según el budismo, la epistemología y la psicología van de la mano. Cuando el estudio de la psicología se lleva a cabo sin la base de la epistemología ni los métodos de práctica que sugiere, se corre el riesgo de que se quede en un simple ejercicio intelectual y no aporte ningún beneficio real.

La mente en el budismo a menudo se divide en dos categorías. La primera es la consciencia básica, que no es más que nuestra capacidad básica de experiencia subjetiva. Este conocimiento básico algunas veces se denomina "mente". Sin embargo, la mente experimenta constantemente cambios de estado y esos acontecimientos mentales se dividen en dos: "mentes" principales y sus "factores mentales" asociados, que examinaremos con mayor detalle en el capítulo 2. El estudio de la psicología en el budismo muchas veces supone el estudio de esas mentes y de los factores mentales. La utilización de la terminología española algunas veces puede dar lugar a confusiones, ya que la palabra *mente* se utiliza con relación a todas las distintas facetas de experiencia consciente, pero el contexto normalmente deja claro cuál es el significado que se pretende transmitir.

En el monasterio, estudié la mente y los factores mentales en tres ocasiones distintas. Durante mi tercer año estudie el *lorig*, como parte de mi primera clase de debate. Como era muy joven y en realidad no era capaz de comprender las distintas mentes, por no hablar de experimentarlas, me limité a tratar de memorizar todas las distintas definiciones.

En la segunda ocasión, estudié la mente y los factores mentales en los estudios del Abhidharma, utilizando el *Abhidharmasamucchaya* de Asanga y el *Abhidharmakosha* de Vasubandu, que es más detallado que los textos introductorios como son el *lorig*. Como esos dos textos y sus comentarios ofrecen un análisis extenso de cada tipo de mente y de cada factor mental, tradicionalmente se estudian mucho más adelante, y algunos monasterios incluso los dejan para los últimos años de estudio.

Paralelamente a mi estudio de los textos Abhidharma, también estudié la mente y sus funciones desde el punto de vista epistemológico, basado en el *Pramanasamucchaya* de Dignaga, en el *Pramanavarttika* de Dharmakirti y en sus múltiples comentarios. Estos textos desempeñan un papel esencial en la tradición de los debates en los monasterios. Todos los estudiantes dedicamos dos meses de cada año a esos textos desde el mismo momento en el que comenzamos un programa de estudios riguroso hasta que obtenemos el título de gueshe: un mes en nuestro propio monasterio de Sera y el mes siguiente uniéndonos a los monjes de los monasterios Ganden y Drepung para estudiar y debatir.

Algunas veces, esta educación adoptaba la forma de un simple aprendizaje de listas —a los tibetanos les encantan las listas— y en otras adoptaba la forma de un debate analítico más entusiasta. Pero con independencia del nivel o del tipo de estudio que lleváramos a cabo, se trataba del estudio de la mente, y su objetivo fue eliminar nuestros engaños y advertir nuestro potencial para convertirnos en Budas.

¿POR QUÉ ESTUDIAMOS LA MENTE?

Según el budismo, no somos más que cuerpo y mente, y la mente es el único elemento motivador de todas nuestras acciones y la creadora de toda nuestra felicidad y de nuestro sufrimiento. Por tanto, es imposible subrayar lo suficiente la importancia de la mente en el budismo. El cuerpo podría alimentarse perfectamente y los ojos podrían lanzar miradas maravillosas, pero sólo es la mente la que traduce esto en felicidad. Por el contrario, el cuerpo podría sentir dolor, y los demás podrían arrojar injurias a nuestros oídos, pero sólo es la mente la que traduce esto en sufrimiento.

Sin duda, si nos sentimos enfadados debemos evitar atacar físicamente o abusar verbalmente de la persona con la que estamos enojados, pero esas acciones del cuerpo y del lenguaje son consecuencia de la aversión, no sus causas y, por tanto, lo que debemos afrontar en última instancia es la mente enfadada.

Como que estás leyendo este libro, se supone que debes sentir cierto interés por conocer la mente y todo su potencial, así que estoy seguro de que ya tienes alguna idea de lo trascendental que es. Todos sabemos la importancia que tiene disponer de un buen hogar, de un buen alimento, de buenos amigos y de un trabajo satisfactorio para nuestra salud, comodidad y felicidad en general. Muchas personas meditabundas también reconocen que los fenómenos externos por sí solos no gobiernan nuestra vida. Sin embargo, necesitamos investigar en profundidad cuánta influencia tiene la mente. Este libro puede proporcionarte un punto de partida. Pero si deseas transformar tu vida y pasar de la confusión y el sufrimiento a la claridad y la felicidad, el conocimiento adquirido a través de la investigación debe ser profundo, debe llegar al nivel del corazón. El conocimiento debe transformarse en experiencia práctica.

El budismo considera que la mente es esencial, mientras que el cuerpo es relativamente menos importante. Por supuesto, es necesario cuidar el cuerpo y la lucha por la supervivencia no deja tiempo para desarrollar la mente. Pero dentro de la literatura budista existe la sensación de que si cuidamos la mente, el cuerpo también recibirá cuidado al mismo tiempo. Alimentar nuestra mente también afectará a todos los que nos rodean. Beneficiará a la familia, a los amigos, a los compañeros y a la sociedad en general. Por tanto, beneficiar a todos los seres sintientes, que es el objetivo del budismo Mahayana, comienza por ocuparse de nuestra propia mente, que a su vez comienza por entenderla.

Esto es precisamente lo que Su Santidad el Dalai Lama afirma en un diálogo muy interesante mantenido con científicos occidentales en 1991:

... Hay dos razones que explican por qué es tan importante comprender la naturaleza de la mente. Una es porque existe una conexión íntima entre la mente y el karma. Y la otra es porque nuestro estado mental desempeña un papel esencial en nuestra experiencia de la felicidad y del sufrimiento[3].

Lo único que queremos es ser felices y estar libres de todo sufrimiento. Ése fue el punto de partida de Buda y el mensaje más importante que se recoge en las cuatro verdades nobles, a través de las cuales nos muestra claramente que es posible alcanzar el fin definitivo y completo del sufrimiento. Aunque cada una de las escuelas filosóficas budistas ha elaborado una serie de afirmaciones ligeramente distintas respecto a la mente, todas ellas la consideran como la figura principal en nuestra experiencia de la felicidad y del sufrimiento. Eso es cierto aquí y ahora, en el futuro y, sin duda, a lo largo de todas las vidas futuras hasta que nos liberemos completamente del sufrimiento. Por tanto, para un practicante del budismo es crucial comprender la mente y, a continuación, poner en práctica ese entendimiento en el nivel más profundo posible.

Además, nuestro entendimiento de la mente debe extenderse a la relación crucial que existe entre la mente y el mundo exterior y material. Nuestra incapacidad para comprender esta relación es la causa principal del desastre medioambiental a nivel mundial que estamos tan próximos a experimentar. Los trabajos interiores de la mente –los procesos cognitivos, las emociones, etc.– están íntimamente relacionados con el modo en el que reaccionamos a nuestro entorno externo. Si para mí la felicidad es tener un automóvil grande, podría no prestar atención al calentamiento global. Si considero que *mi* felicidad *ahora* es más importante que la felicidad de mis hijos dentro treinta años, podría contaminar el planeta como si no hubiera un mañana.

Nuestros mundos interiores y exteriores no pueden estar más íntimamente conectados y, para crear una verdadera felicidad tanto para nosotros mismos como para los demás, necesitamos pasar de sentir esta actual obsesión por el mundo material a mantener una relación realista con nuestra propia mente. Aprender algo sobre la mente va más allá del estudio de una serie de listas y de niveles. Es esencial que seamos capaces de ver por nosotros mismos cómo la mente reacciona cuando encuentra las formas y los colores que configuran el mundo exterior y cómo esto afecta a ese mundo exterior. En eso consiste la felicidad, tanto para nosotros como para los demás. De hecho, eso es lo que verdaderamente significa el término *espiritual.* El Lama Yeshe afirma:

Espero que entiendas lo que realmente significa la palabra "espiritual". Significa buscar, investigar, la verdadera naturaleza de la mente. No hay nada espiritual ahí fuera. Mi rosario no es espiritual; mis túnicas no son espirituales. Lo espiritual guarda relación con la mente y las personas espirituales son aquéllas que tratan de descubrir cuál es su naturaleza[4].

LA NATURALEZA DE LA MENTE

¿Cuál es la causa de la mente? Independientemente del nivel de sutileza de nuestro punto de vista, todas las escuelas budistas están de acuerdo en que sólo un momento de mente pasado puede causar el momento de mente presente. Esto es fundamental. Todos los fenómenos, mentales y materiales, existen como consecuencia de una serie de causas y de condiciones y la causa sustancial y principal de la mente es un momento de mente pasado. Si has leído el primer libro de esta serie, *Las cuatro verdades nobles de Buda*, ya estarás familiarizado con este concepto.

El budismo no postula la existencia de un Creador, tal y como hacen otras religiones pero, no obstante, debe ofrecer alguna explicación acerca del fenómeno de la creación. Esa explicación es el principio de causalidad. Tanto los fenómenos físicos como los mentales pueden existir porque tienen un continuo precedente que actúa como causa. *Este* momento de mente es causado por el momento de mente *precedente.* Tiene una naturaleza completamente no física. De hecho, es mera experiencia.

Pero, por supuesto, hay otros factores que también entran en juego. El budismo habla de las causas sustanciales y de las causas secundarias y, naturalmente, debemos recordar que nuestro estado mental no está desligado de lo que sucede en nuestro mundo exterior. Un estado mental feliz podría ser producido por una palabra agradable que nos ha dedicado un amigo, o por una buena comida, pero su causa sustancial *debe* ser un momento de mente anterior. Una buena comida no puede convertirse en una mente.

Esta mera experiencia tiene dos aspectos: es *claridad* y *conocimiento*. De hecho, la mente en sí se define en los textos de enseñanza como aquello que es claridad y conocimiento. Analizaremos más adelante este punto con detalle.

Además, la mente no es estática, sino que es una continuidad de acontecimientos que están momentáneamente en movimiento y que contienen este elemento de experiencia. Tal y como vimos arriba, podemos hablar de *mentes*, que son los múltiples acontecimientos mentales que suceden a cada segundo –emociones, pensamientos, etc.– y de *mente*, la base fundamental sobre la cual tienen lugar esos acontecimientos. Dentro de esa continuidad de mente existen niveles de sutileza, desde los ordinarios acontecimientos mentales de los que somos conscientes hasta los acontecimientos inconscientes más sutiles que los subyacen y que son los maestros de ceremonias que determinan nuestras vidas. Incluso podemos encontrar una mente nuclear más profunda que subyace a toda nuestra existencia. Éste es el nivel de mente fundamental que va de vida en vida.

La mente no es el cuerpo

Durante siglos se ha debatido si la mente está separada del cuerpo o si forma parte de él. El sentido común nos dice que tenemos un cuerpo, que es físico, y una mente, que no lo es. Uno lleva a cabo las acciones y el otro el pensamiento. Las investigaciones acerca de esta dicotomía revelan que las cosas no son tan simples.

Los científicos occidentales que exploran la mente se han visto frenados por las limitaciones del método científico tradicional, donde las reglas de la evidencia se han desarrollado únicamente en relación a las observaciones físicas. Sin un método riguroso y consensuado para verificar las peticiones de una investigación de la consciencia, las teorías acerca de la naturaleza de la mente a lo largo del último siglo han sido enormemente divergentes. Estas teorías se dividen principalmente en dos grupos: las de los conductistas y los materialistas, que afirman que no hay nada que se pueda llamar mente, y las de las personas que afirman que el cuerpo y la mente son dos cosas fundamentalmente diferentes.

Los conductistas afirman que lo que consideramos como procesos mentales en realidad son transferencias de energía dentro del cerebro cuya naturaleza es tan compleja que se traducen en pensamiento racional y que, en realidad, no hay mente. El budismo niega esto. Existen muchos niveles de comprensión de la mente según el pensamiento budista, pero todos ellos aceptan que el cuerpo es material y la mente es inmaterial. Ése es un principio fundamental. No hay nada en absoluto dentro de lo material –ya sea nuestro cerebro, las partes del cuerpo o las cosas externas– que pueda transmutarse en mente. Los distintos niveles de explicaciones de la mente –desde las descripciones prácticas de las enseñanzas del sutra hasta las descripciones más esotéricas del tantra yoga superior– se basan en la afirmación de que la mente es un fenómeno diferente del mundo material.

Según el budismo, el mundo material está compuesto por los cuatro elementos principales de tierra, agua, fuego y aire y por los cuatro atributos que emanan de ellos. Esas etiquetas no son literales –nuestro cuerpo no consta de barro y fuego– sino que se refieren a las características de solidez, fluidez, calor y movimiento respectivamente que posee. Los cuatro atributos son los objetos de cuatro de nuestros cinco objetos sensoriales forma, olfato, gusto y objetos táctiles.

Es imposible, afirman los budistas, que esos elementos sean la causa de la mente. La principal causa debe ser inmaterial. Eso es lo que debemos investigar y dejar absolutamente claro. La mente es mera experiencia, no es materia. Por tanto, su causa debe ser igual. Este principio impregna toda la literatura budista. La mente puede afectar a la materia y viceversa, pero las dos son mutuamente excluyentes. Ya que si algo está desprovisto de color, forma o dimensión material, no puede ser al mismo tiempo material.

Sin embargo, eso *no* significa que la mente y el cuerpo no estén íntimamente interrelacionados. Cuanto más exploremos la naturaleza de la mente en la psicología budista, más claramente veremos la interconexión que existe entre cuerpo y mente y que ciertos niveles de mente dependen en gran medida tanto de la función como de la existencia del sistema nervioso físico. Esta interconexión se refleja en el nivel más profundo posible, hasta el punto donde la división entre cuerpo y mente se puede difuminar, especialmente en áreas como las enfermedades psicosomáticas. No obstante, el budismo sigue manteniendo la creencia fundamental de que somos una combinación de forma material y de mente inmaterial y que una no puede sustituirse por la otra ni transformarse en ella.

Tomando el ejemplo de la relación que existe entre la ira (mente) y la fealdad (materia), resulta sumamente sencillo ver que el estado mental de ira nunca se puede transformar en el estado físico de un rostro deslucido. La ira puede hacer que retorzamos la cara y pongamos un gesto desagradable, pero la mente en sí nunca puede convertirse en el rostro. Sin embargo, la conexión que existe entre la mente y la materia es incluso más fuerte que esto. Según el budismo, la ira que experimentamos en este momento es la causa de que tengamos una apariencia deslucida en el futuro. En mi opinión, eso tiene mucho sentido. Lo podemos ver en las personas que sienten mucha ira. Toda su fisonomía parece haberse desarrollado como fruto de esa ira. Aunque no sea fealdad, según el budismo, la consecuencia de la ira es una vida en un entorno desagradable, como una zona de guerra.

Muchas consciencias ordinarias, como la consciencia de nuestros cinco sentidos, no pueden funcionar sin nuestro sistema nervioso ni sin nuestro cerebro. Eso está perfectamente claro. Para que la consciencia visual funcione como algo que sea claridad y conocimiento, depende de tres condiciones. Una de ellas es el órgano sensorial visual, una forma material sutil que existe dentro del órgano de la vista[5]. En el reino del deseo en el que vivimos, toda nuestra existencia depende de la materia y se concentra en ella[6].

La razón por la cual el budismo afirma tan categóricamente que la mente no es cuerpo se debe a que los principios fundamentales del budismo giran en torno a la ley del karma, o causa y efecto. Cuando llega la muerte, el cuerpo desaparece, si la mente y el cuerpo fueran la misma cosa, lo que consideramos como mente también desaparecería. Sin un continuo de mente, la consecuencia nunca podría seguir a la causa y la cadena se rompería. Esto es completamente incompatible con el concepto del karma. El budismo afirma que hay innumerables reencarnaciones y entre esta muerte y la siguiente reencarnación hay una existencia llamada el estado intermedio o *bardo*. El primer momento de mente de esta vida es la consecuencia del último momento de mente de la existencia en el estado intermedio. Esa corriente de pensamiento se puede retrotraer al primer momento de existencia en un estado intermedio y, antes de eso, al último momento de mente de la vida anterior.

La mente que continúa en la muerte no es el nivel más superficial de la mente, con sus conceptos y emociones manifiestas, sino que es la propia mente sutil: el núcleo de nuestra existencia que transporta todas las propensiones que madurarán a lo largo de vidas futuras para determinar las condiciones de nuestra existencia y nuestra felicidad, así como de nuestro sufrimiento futuro.

La mente es claridad y conocimiento

Por tanto, ¿qué es la mente? Los textos filosóficos budistas definen la mente como claridad y conocimiento. La claridad de la mente, según Gueshe Rabten, se refiere a "la naturaleza inmaterial de la consciencia, como el espacio... completamente desprovista de color, forma o dimensión material"[7]. El espacio también es claridad –sin obstrucciones ni naturaleza física– pero no tiene capacidad para conocer. Sólo la mente es claridad, conocimiento y la capacidad de reflexionar sobre un objeto o de llegar a conocerlo. La mente aquí es el mero acontecimiento de conocer, algunas veces llamado *rigpa* en tibetano"[8].

La mente también puede definirse como *un acontecimiento subjetivo que emerge en dependencia del objeto que se le aparece*. Para ser un sujeto, tal y como postula la definición, un objeto debe estar presente. No puede haber consciencia sin un objeto de consciencia. Esto nos lleva a otro aspecto fundamental de la mente. La mente es el proceso real de conocer el objeto que aparece ante ella. Por tanto, la mente no es algo estático, sino que es un agente dinámico, un proceso de su naturaleza clara y conocedora. Es algo que ya existe y que funciona constantemente para conocer el mundo que nos rodea.

Su Santidad el Dalai Lama describe la conexión intrínseca que existe entre los aspectos de claridad y conocimiento de la mente de la siguiente manera:

La naturaleza conocedora... se llama mente y es inmaterial... Los sucesos cognitivos poseen la naturaleza de conocer gracias a la naturaleza fundamental de claridad que subyace a todos los sucesos cognitivos. Ésa es... la naturaleza fundamental de la mente, la naturaleza de luz clara de la mente[9].

¿Qué significa decir que "la claridad fundamental de la mente subyace a todos los sucesos cognitivos"? Significa que nuestra experiencia es fundamentalmente libre de las condiciones físicas que dan lugar a ella y de los estados mentales transitorios que aparecen y cesan dentro de nuestra mente. Eso significa que la clave para la liberación se encuentra dentro del propio entramado de nuestra vida consciente.

¿Cómo podemos llegar a reconocer esta faceta de la mente? Sólo podemos saber esto cuando nuestra mente se libera de la interacción con los objetos ordinarios. Para llegar hasta la verdadera naturaleza de la mente y verla por lo que es, necesitamos liberar nuestra mente de la interacción con los objetos externos e internos –imágenes, olores, pensamientos o sentimientos– que normalmente inundan nuestra consciencia. Sólo podemos ver la pantalla que se encuentra detrás de las imágenes cuando apagamos el proyector. Una vez que se ha eliminado todo lo demás, la mente permanece como único objeto de meditación. Si nos liberamos de las relaciones limitadas con los objetos sensoriales externos que normalmente la ocupan, la mente se vuelve consciente de sí misma de manera natural.

Si queremos saber algo de un libro, debemos tomar ese libro como nuestro objeto de enfoque. Tenemos que leerlo, tocarlo, mirar la cubierta: hacer todo lo que sea necesario para comprenderlo. La mente es exactamente igual. Si verdaderamente queremos conocer la naturaleza de la mente, debemos hacer que se convierta en el objeto de enfoque. Podemos conseguirlo.

Una mente no puede existir de manera independiente sin un objeto. Por su propia naturaleza, la mente es el sujeto, el agente, el actor. El sujeto y el objeto son interdependientes, ya que el uno no podría existir sin el otro. Por esta razón si, a través de una profunda meditación, liberamos la mente de la interacción con todos los objetos externos e internos, la mente subjetiva se concentrará de manera natural en sí misma como el objeto.

Las técnicas meditativas para liberar nuestra mente varían dependiendo de las distintas escuelas y de los diferentes niveles de práctica. Las experiencias sensoriales o los acontecimientos mentales más insidiosos que tienen lugar en todo momento –pensamientos prolijos, sentimientos, etc.– pueden muy bien ser los objetos de nuestra meditación. Ésas son las *mentes*, pero no la mente clara y luminosa a la que nos referimos aquí. La mente que es el objeto de meditación sobre la mente es la simple luminosidad, que es la base de todos los acontecimientos mentales. Si aprendemos a concentrarnos en la mente libre de las conceptualizaciones ordinarias, podemos alcanzar esta libertad intrínseca y, por tanto, comenzar a cortar los lazos del karma y de las aflicciones.

CONCLUSIÓN

El *Dhammapada* dice:

> La mente es la precursora de todas las (malas) acciones. La mente es el líder y todo lo crea. Si uno habla o actúa con un pensamiento impuro, entonces el sufrimiento le sigue de la misma manera que la rueda sigue la pezuña del buey.
>
> La mente es la precursora de todas las (buenas) acciones. La mente es el líder y todo lo crea. Si uno habla o actúa con un pensamiento puro, entonces la felicidad le sigue como una sombra que jamás le abandona[10].

No nos puede suceder nada bueno ni nada malo a menos que nuestra mente lo etiquete como tal. El estado de nuestra mente por sí solo determina la felicidad y la desdicha. Su Santidad el Dalai Lama afirma que si podemos mantener una mente tranquila y pacífica, todo lo que nos rodea exteriormente sólo puede producirnos un trastorno limitado[11]. Debemos advertir que Su Santidad no afirma que una vez que tenemos una mente tranquila, nunca más nos molestarán las cosas externas. Su Santidad adopta una postura más realista. Creo que podemos darnos cuenta de ello cuando observamos nuestra propia vida: cuando nos sentimos felices y satisfechos, cuando las incomodidades como que el tren llegue con retraso o que los compañeros se muestren arrogantes apenas nos afectan; pero en otros momentos, cuando nos sentimos deprimidos o irritados, esas mismas circunstancias nos ponen furiosos y nos sentimos indignados o enfadados.

Sobre este tema, Lama Yeshe afirma que somos capaces de discernir por nosotros mismos cómo nuestro estado mental determina nuestro mundo, y no al revés. Afirma:

La mente humana es como un espejo. Un espejo no discrimina, sino que refleja lo que hay ante él, sin importarle si es algo horrible o maravilloso. De igual manera, la mente adopta el aspecto de todo lo que nos rodea y si no somos conscientes de lo que sucede, la mente se puede llenar de inmundicias. Por tanto, es muy importante ser conscientes de todo lo que nos rodea y de cómo eso puede afectar a nuestra mente[12].

Si vagamos por la vida de manera inconsciente, reaccionando simplemente a todo lo que aparece en ella, todo lo que nos rodea tendrá una enorme influencia en nuestro bienestar mental. Pero, por el contrario, si empezamos a comprender la relación que existe entre nuestra mente y los objetos con los que se encuentra, podemos comenzar a utilizar nuestra mente para influir en todo lo que nos rodea.

2. LAS MENTES PRINCIPALES Y LOS FACTORES MENTALES

LAS MENTES PRINCIPALES

En el capítulo anterior establecimos la diferencia entre *mente* (en singular) –nuestra experiencia mental en general– y *mentes* (en plural) –los distintos aspectos que operan dentro de esa base mental. La principal función de la psicología budista tradicional es identificar esas mentes y clasificarlas para poder manejarlas de manera eficaz. Un suceso mental que nos parezca simple, en realidad es bastante complejo. Veo una flor y me parece que eso es todo. Pero el budismo afirma que hay muchas más cosas en juego.

Según los textos Abdhidharma, especialmente la obra de Asanga, *Compendio de conocimiento válido* (*Abdhidharma-samucchaya*), las mentes se dividen en dos categorías principales: las mentes principales y los factores mentales.

Las mentes principales son pasivas, mientras que los factores mentales asociados a ellas son activos. Las mentes principales o primarias (en tibetano *sem* y en sánscrito *chitta*) tradicionalmente se dividen en seis tipos y los factores mentales (*semjung*; *chaitasika*) en cincuenta y uno. Mientras los factores mentales estén activos –como casi siempre es el caso– no hay manera de acceder conscientemente a las mentes principales. Simplemente están ahí como telón de fondo, son mera experiencia, no son ni positivas ni negativas.

Podemos echar mano de muchas metáforas para describir la relación que existe entre la mente principal y los factores mentales. En algunos casos, podemos considerar la mente principal como la pantalla de un cine, donde los factores mentales son las imágenes que se proyectan sobre ella. En realidad nunca llegamos a ver la pantalla, porque estamos demasiado atrapados por las historias que se proyectan sobre ella. Los factores mentales dan color y determinan nuestro entendimiento de la mente principal, que es mucho más neutral y carece de adornos.

Los factores mentales también se comparan con los ministros ocupados, donde la mente principal es el rey que se sienta pasivamente. O podemos considerarlos la mano y los dedos, donde la palma es la base pero los dedos son los que operan para hacer que la mano funcione. Cada una de esas metáforas refuerza la idea de que la mente principal es el terreno neutral y pasivo dentro del cual operan los factores mentales, que casi nunca se muestran neutrales y habitualmente son muy activos.

Algunos comentaristas utilizan el término *mente primaria* en lugar de mente principal. El problema es que el término "primario" indica que debe haber también algo secundario, donde el aspecto primario es el más importante y los aspectos secundarios son de alguna manera inferiores. Desde mi punto de vista, este término tiene la connotación de que los factores mentales son derivados o subsidiarios. Una vez más, debemos tener cuidado con esto. Los factores mentales en realidad son aspectos de la mente y de ninguna manera son subsidiarios de ella. Son funciones que condicionan la claridad básica y la consciencia de la mente. Es el colorido argumento proporcionado a la mente principal por los factores mentales que determina si nuestra mente como un todo es positiva o negativa.

Para llegar a ver la mente principal debemos apagar el proyector y observar atentamente la pantalla. Eso no es sencillo. Supongamos, por ejemplo, que un viejo amigo entra en mi apartamento. Inmediatamente reconozco a esa persona y ese reconocimiento es una *función* de la mente y, por tanto, es un factor mental. La mente principal es más básica que esto. Es la mera consciencia de que un posible objeto de conocimiento –una mera entidad– está presente. No hay nada más que esta simple consciencia: sin etiquetas, sin discriminación y sin emoción.

La función de la mente principal no consiste en preocuparse específicamente de ningún aspecto del campo objetivo.

No está preocupada por ninguna de las muchas otras cosas que normalmente suceden durante el proceso de reconocimiento: el enfoque, el interés, la actitud, los sentimientos que crea esa consciencia, el etiquetado de *bueno* o *malo*, los recuerdos pasados, las fantasías futuras. La mente principal en sí no etiqueta ni crea revuelo. Simplemente es consciente de la entidad.

Quizás el término *básica* sería más adecuado para esta mente, porque no es primaria, implicando que los factores mentales son secundarios o derivativos, ni tampoco es *principal*, implicando que los factores mentales son subsidiarios. El término *básica* sugiere algo que no es sofisticado ni adornado. Sin embargo, si lo pensamos más a fondo, la mente principal no es una base como tal, así que el término también nos plantea problemas. La mente principal se parece más a un estofado en el que entran las verduras y las especias de los factores mentales, por usar otra metáfora. Sin ellos, la comida no tendría sabor ni calorías. Una mente principal no puede existir sin los factores mentales ni los factores mentales pueden existir sin una mente principal.

Es incorrecto ver la mente principal y los factores mentales como entidades completamente separadas. Los expertos budistas señalan cinco puntos en los que son concurrentes, en el sentido en que comparten una base, una duración, un aspecto, un referente y una sustancia concurrente.

La mente principal y sus factores mentales asociados se producen dependiendo de la base similar. Esta base también se llama la condición capacitadora. La *condición capacitadora* es aquélla que capacita a la mente principal y a los factores mentales para operar. Para algo como la consciencia visual (un tipo de mente principal), tanto la mente principal como los factores mentales están capacitados por el órgano visual en sí. Eso no es, como el nombre podría implicar, el globo ocular físico, sino una forma muy sutil que permite a la consciencia visual captar la forma y el color de un objeto. Sucede lo mismo con las otras consciencias sensoriales: oído, olfato, gusto, etc. La sexta consciencia es la consciencia mental y su "órgano" es la consciencia, y no la forma.

De igual manera que los textos Madhyamaka afirman que las dos verdades –la verdad relativa y la verdad última– son una sola entidad y, a la vez, son aislados distintos porque emergen, permanecen y cesan juntas, la mente principal y los factores mentales también emergen, permanecen y cesan simultáneamente[13]. Eso es lo que queremos decir cuando hablamos de duración similar. Cuando la consciencia visual capta una manzana, el objeto –el color y la forma de la manzana– emerge y se muestra, tanto a la mente principal como a los factores mentales asociados, permanece y luego cesa al mismo tiempo.

En este caso, la consciencia visual y los factores mentales se generan en el mismo aspecto. Si la consciencia visual se generó en el aspecto y el color de una manzana, los factores mentales también se generaron en el aspecto del color y de la forma de la manzana. Tienen un referente concurrente, en el sentido de que ambos observan el mismo objeto. Si estoy observando un ramo de flores, entonces el referente tanto para la mente principal como para los factores mentales sería ese ramo de flores. No es como si la mente principal observara una cosa y los factores mentales observaran otra.

Y, por último, la mente principal y sus factores mentales asociados comparten una entidad sustancial concurrente. Las mismas condiciones que producen la mente principal de la consciencia visual también producen sus factores mentales asociados.

Las seis mentes principales

La presentación de la mente principal y de los factores mentales puede parecer que está compuesta de listas interminables, pero esas listas tienen una utilidad. Ya que si nuestro entendimiento de estas listas nos ayuda a diferenciar los tipos de mente que ocurren en nuestra vida diaria, eso hace que todos los demás aspectos de la práctica budista resulten mucho más sencillos. Adaptando nuestra sensibilidad a la manera en la que nuestra mente procesa el mundo exterior y discerniendo los patrones en nuestras percepciones y reacciones, podemos comenzar a ver a través de ellos con mayor efectividad.

La primera lista es enormemente sencilla. Según la mayoría de las escuelas budistas tibetanas, hay seis posibles mentes principales, una para cada una de las consciencias de los sentidos y para la consciencia mental.

Las seis mentes principales son:

Perceptual	1. La consciencia visual (ojo)	Consciencias principales sensoriales
	2. La consciencia auditiva (oído)	
	3. La consciencia olfativa (nariz)	
	4. La consciencia gustativa (lengua)	
	5. La consciencia táctil (cuerpo)	
	6a. La consciencia mental perceptual	Consciencias principales mentales
Conceptual	6b. La consciencia mental conceptual	

Cada uno de los órganos sensoriales está acompañado por una correspondiente mente principal. Por definición, son perceptuales, en el sentido de que perciben directamente el objeto. La sexta mente principal es la consciencia mental, que puede ser una mente perceptual o conceptual. Una mente o consciencia perceptual es directa y no intermediaria –no hay nada entre el objeto y la mente. Por el contrario, una mente conceptual es intermediaria e indirecta –aparece una imagen mental entre el objeto y la mente. En el capítulo 6 veremos esto con más detalle.

La mente principal que se corresponde con cada una de las consciencias sensoriales *siempre* es una percepción directa. La mente principal de la consciencia visual percibe su objeto de forma pura y simple; no tiene la capacidad de conceptualizarlo –de identificarlo, de clasificarlo o de juzgarlo en ningún caso. Si pensamos en esto detenidamente, nos damos cuenta de que tiene lógica. Cuando miramos algo, la consciencia visual lo registra. Este proceso es directo y no conceptual. Sucede exactamente igual con las otras cuatro mentes principales sensoriales. Cada una de las consciencias sensoriales sólo tiene la capacidad de captar un aspecto particular del objeto completo. Cuando miramos una flor asumimos que vemos toda la flor, pero en realidad la consciencia sensorial visual sólo puede captar el color y la forma de la flor, la consciencia olfativa sólo puede captar el aroma y así sucesivamente. Es algo simplemente lógico, pero muy pocas veces lo tenemos en cuenta. La consciencia visual se limita a ver colores y formas sin etiquetas, mientas que la mente conceptual asigna la etiqueta de *azul, redonda, hermosa* y así sucesivamente. En resumen, éste es el proceso: la consciencia sensorial percibe directamente el objeto y la consciencia mental elabora las etiquetas y la conceptualización.

Con esto no estoy queriendo decir que todas las mentes principales sensoriales sean correctas y que todas las consciencias mentales sean incorrectas de alguna manera. Las seis mentes principales pueden ser válidas o estar equivocadas. El ojo que padece ictericia, lo ve todo de color amarillo y es una mente principal equivocada, mientras que los conceptos mentales pueden ser válidos aunque no sean percepciones directas.

Aunque es posible tener muchos factores mentales funcionando al mismo tiempo, dos mentes principales, aunque sean de distinto tipo, no pueden funcionar simultáneamente. Esto significa que cuando una mente principal se concentra en un objeto, otra mente principal no puede hacerlo. En esta situación, si hay otra mente principal presente, el objeto aparecerá ante ella, pero no será notado o determinado. Este proceso se puede ejemplificar a través de la experiencia de estar tan inmersos en la lectura de un libro que no advertimos en absoluto el tráfico que hay fuera. En realidad, sentimos que podemos ver fácilmente la televisión y escucharla al mismo tiempo pero, en realidad, lo que está sucediendo es que la mente está pasando de la mente principal visual a la mente principal auditiva y viceversa con tanta rapidez que experimentamos la ilusión de que ambas están funcionando juntas.

Aunque la consciencia mental también puede ser una mente de percepción directa en el sentido de que tiene la capacidad de percibir directamente un objeto, pienso que la consciencia mental de las personas como nosotros siempre es conceptual. Siempre hay una especie de generalidad asociada a la consciencia mental, en el sentido de que la mente conceptual selecciona y filtra la experiencia, limitándola de alguna manera. Un practicante debe alcanzar un nivel muy avanzado en el camino espiritual antes de que el objeto de la consciencia mental y la consciencia en sí se relacionen directamente.

Esas percepciones mentales directas son mentes increíblemente poderosas y la más importante de ellas es la *bodhichita*. Según el budismo Mahayana, la bodhichita es la culminación de las aspiraciones gemelas de desear liberar a todos los seres humanos de su sufrimiento y desear alcanzar la Iluminación para poder conseguir esto. Aunque esas dos aspiraciones se clasifican como factores mentales, cuando se desarrollan en todo su potencial, se convierten en la mente principal de la bodhichita que trabaja de forma continua y espontánea solamente para beneficio de los demás. Es interesante advertir que el desarrollo de una única aspiración no constituye la bodhichita. Ni la aspiración de liberarnos de la oscuridad que obstruye nuestra Iluminación ni la aspiración de desear estar iluminados por el bien de todos los seres sintientes es la bodhichita. La bodhichita es una mente principal que emerge de ambas aspiraciones.

Las mentes principales sensoriales

Según el budismo, las cinco consciencias o mentes sensoriales emergen como consecuencia de tres condiciones. Son la condición del objeto aprehendido, la condición inmediata y la condición capacitadora.

La *condición del objeto aprehendido* se refiere al objeto. Por ejemplo, para la mente visual que percibe una flor la forma y el color de la misma constituyen la condición del objeto aprendido. La *condición inmediata* es el momento inmediato de consciencia, que en el mismo ejemplo es el momento inmediato de consciencia antes de que la consciencia visual capte esa flor por primera vez. *La condición capacitadora* es el órgano visual. Por tanto, las cinco consciencias principales de los sentidos emergen de la naturaleza de claridad y conocimiento basada en esas tres condiciones.

Debemos advertir que, según el budismo, la captación del objeto que ha llevado a cabo la consciencia visual es la forma y el color, no la sensación olfativa, gustativa o táctil. En otras palabras, los objetos que esas cinco mentes principales sensoriales aprehenden son fijos. La consciencia visual nunca puede captar el sonido o el gusto, la consciencia auditiva nunca puede captar colores y formas, y así sucesivamente.

Estas cinco consciencias sensoriales son percepciones directas. Como tales, no interpretan, etiquetan ni describen objetos. A pesar del hecho de que no interpretan el bien y el mal, o lo correcto y lo equivocado, tienen una influencia monumental en nuestra vida diaria. Las imágenes, los sonidos, los aromas, los sabores y las sensaciones táctiles que nos bombardean continuamente a través de nuestras consciencias sensoriales componen todo nuestro mundo sensorial y, como tales, son inmensamente importantes.

El hecho de que sean directas no significa que siempre sean correctas. Muchas percepciones directas están distorsionadas porque carecen de capacidad para percibir los cambios sutiles que se producen dentro del color y de las formas. Algunas veces están distorsionadas por las condiciones internas, como la experiencia de las personas que son incapaces de escuchar música agradable por culpa de un momento anterior de intensa ira. Las consciencias sensoriales también están influidas en gran medida por la frecuencia de nuestra interacción con un objeto: cuanto más relacionados estemos con un objeto, más "programados" estaremos para captarlo.

Resulta muy interesante oír hablar a los psicólogos infantiles modernos del impacto que tiene el entorno exterior en el desarrollo de un niño. Aunque un niño puede no ser lo suficientemente mayor como para interpretar las sensaciones que experimenta, se siente muy afectado por el mundo exterior. Los alrededores dulces, los colores hermosos y los sonidos agradables crean impresiones positivas.

LOS FACTORES MENTALES

El término tibetano para expresar los factores mentales, *semlay jungwa chö* (en sánscrito, *chaitasika dharma*), significa *fenómenos que emergen de la mente*, sugiriendo con ello que los factores mentales no son primarios para la mente, sino que emergen dentro de una estructura más amplia. Un factor mental, una vez más, se define como el aspecto de la mente que capta una cualidad en particular de un objeto. Como se caracteriza por las cualidades de actividad y de no neutralidad, tiene la capacidad de dar color a la mente dependiendo de la manera en la que se manifieste. De ahí que un sentimiento de deseo de ver lo que se concibe como un objeto hermoso afecte a los demás factores mentales que están presentes en ese momento, y eso da color a toda la mente.

Los factores mentales son imágenes proyectadas sobre la pantalla; son los ministros que hacen el trabajo del rey. La película puede ser una tragedia o una comedia, pero la pantalla no es más que una pantalla. El rey puede ser benigno o tirano, pero casi con toda seguridad empleará a una serie de ministros, algunos de los cuales serán enérgicos, otros perezosos, algunos compasivos, otros malvados. Yo era el típico adolescente de quince años cuando mi Maestro utilizó esta metáfora y el ejemplo realmente caló en mí. Me demostró que, al igual que el rey, aunque sea la mente principal la que gobierna, son los factores mentales (los ministros) los que tienen la mayor influencia en nuestra vida diaria.

De igual modo que las opiniones que tienen los súbditos acerca de su rey se ven afectadas por la conducta de sus ministros, cuando hablamos de nuestra propia mente, estamos reflexionando casi invariablemente en nuestros factores mentales. No percibimos las cosas directamente, sino que las percibimos principalmente a través de lo que pensamos de ellas. Y esas historias y percepciones, cuando vienen acompañadas por emociones intensas, pueden colorear notablemente nuestras experiencias. Cuando estamos enfadados o felices, en realidad, podemos sentir que nuestra mente está *fundamentalmente* enfadada o feliz, confundiendo lo que opina un solo factor mental con lo que opina toda la mente. Este punto es importante cuando empezamos a intentar manejar nuestras emociones.

Existen innumerables factores mentales y cada uno de ellos tiene una función específica que se relaciona con una cualidad del objeto en particular. Muchas veces los tibetanos comparan los factores mentales con la hierba rastrera (una planta multisegmentada que prolifera rápidamente y que tiene una tupida red de raíces). Este ejemplo ilustra perfectamente la espesa y enmarañada complejidad de los factores mentales.

El Abhidharma enumera cincuenta y un factores mentales dentro de seis grupos, proporcionando un método inicial muy útil para comprender cómo cada uno de ellos opera en nuestra vida. Los seis grupos son:

1. los factores mentales omnipresentes
2. los factores mentales que determinan el objeto
3. los factores mentales saludables
4. las aflicciones mentales principales
5. las aflicciones mentales derivadas
6. los factores mentales variables

El nombre de cada grupo describe la función de cada factor mental que le pertenece. Por tanto, el *omnipresente*, por ejemplo, implica que esos factores mentales siempre están presentes; las *aflicciones mentales principales* son esos factores mentales que son la causa principal de todos nuestros problemas; los *factores mentales variables* son aquéllos que pueden ser positivos o negativos, dependiendo del contexto. Y así sucesivamente.

LOS FACTORES MENTALES OMNIPRESENTES

Los cinco factores mentales presentes en todas las mentes son:

1. el contacto
2. el discernimiento
3. la sensación
4. la intención
5. la implicación con el objeto

Tanto si la mente está presente durante mucho tiempo como si lo está durante un momento muy breve, estos cinco factores mentales siempre están implicados. Algunos expertos utilizan el término *unidades* para referirse a estos fenómenos: la mente principal más los cinco factores mentales omnipresentes componen una "unidad" de mente. Sin cualquiera de esos cinco factores mentales, una unidad de mente no podría funcionar a pleno rendimiento.

El contacto

El contacto es el primer acontecimiento en un proceso mental. Es el simple acto mental de encontrarse con un objeto. Cuando tenemos esto en cuenta, vemos que es completamente lógico. ¿Cómo una mente puede conocer un objeto sin el contacto? Para llamar por teléfono a un amigo debemos descolgar el aparato y marcar el número. Este factor mental es como el teléfono: su única función es contactar con el objeto. Una vez que se ha establecido el contacto, el siguiente factor mental puede advertir las características de ese objeto.

El discernimiento

La mente recibe los datos tal cual a través del contacto, pero todavía se tienen que procesar. Por tanto, el siguiente factor mental es el *discernimiento*, que actúa para advertir las características del objeto, para identificarlo y para servir como la base de la memoria. Sin el discernimiento, sería imposible distinguir los objetos o reconocer aquéllos que nos hemos encontrado antes.

El buen discernimiento incrementa nuestra memoria y fortalece nuestra plena consciencia. Muchas veces, nuestra mente es capaz de establecer contacto con un objeto pero, por causa del débil discernimiento, tenemos dificultades para identificarlo, o si lo identificamos, no somos capaces de recordarlo más tarde. El discernimiento siempre está presente, pero algunas veces es débil.

La sensación

En realidad, la sensación es lo que nos mueve. Trabajamos incesantemente para buscar cobijo, alimento, ropa, medicamentos, vacaciones, posesiones, etc., motivados por el deseo de alcanzar el confort y el placer. Nuestra consciencia sensorial continuamente persigue objetos que dan lugar a sentimientos agradables. Ésta, en realidad, es la razón de que nuestro mundo se llame el *reino del deseo*. El deseo es la parte principal de nuestra psique. Incluso la compasión, la fuerza motivadora crucial en el budismo, es un sentimiento.

Una vez que hemos discernido el objeto, experimentamos una de las tres sensaciones. Nuestra mente se siente atraída hacia el objeto en una escala que oscila entre la tibia atracción y el fuerte anhelo, o nuestra mente siente repulsión por el objeto en mayor o menor grado. Si no, podemos quedarnos en un punto intermedio y tener una sensación neutral hacia el objeto. Pero incluso la neutralidad es una sensación. En general, la sensación es un factor mental omnipresente que da sabor al objeto.

Aunque la sensación es un acontecimiento mental, está íntimamente asociada a las mentes principales de los sentidos. La consciencia visual –una mente principal– puede ver una puesta de sol, pero es la sensación la que hace posible disfrutarla.

Por un lado, todos sabemos lo que es la sensación –"Me siento feliz", "Han herido mis sentimientos", etc.– pero, por otra parte, muy pocos de nosotros somos capaces de reconocer hasta qué punto nuestra vida está dominada por las sensaciones. Se dice que la sensación está condicionada y a su vez condiciona. Está *condicionada* en el sentido de que es la consecuencia del contacto con los objetos sensoriales y la experiencia de nuestras respuestas programadas hacia ellos que se han creado a lo largo de las diferentes vidas. Y *condiciona* en el sentido de que es la impulsora de casi todo lo que hacemos, mentalmente, verbalmente y físicamente. Como la causa de todos los demás acontecimientos verbales que la han precedido, que a su vez causa las acciones verbales y físicas, la sensación se puede considerar verdaderamente como el motor que impulsa la interminable cadena de existencia cíclica.

Por lo general, la sensación casi siempre está asociada a nuestra consciencia sensorial. Si hemos disfrutado de una sensación mientras recordamos un acontecimiento pasado, aunque eso es un recuerdo y, por tanto, una consciencia mental, ese estado mental ha ocurrido gracias a su asociación con la consciencia sensorial. Recordamos una puesta de sol hermosa o una palabra de enfado, un aroma agradable o la dolorosa picadura de un insecto: todos ellos son consciencias sensoriales.

La sensación aparece a través de cuatro condiciones: la condición natural, el adiestramiento, la disposición mental y la personalidad.

La *condición natural* simplemente se refiere al hecho de que cada vez que la mente se encuentra con un objeto, existe una tendencia natural a ir hacia dicho objeto o a apartarse de él. Aunque la reacción pudiera ser muy sutil, siempre existe un grado natural de atracción o de aversión.

El *adiestramiento* se refiere a las influencias del entorno y de la cultura que nos afectan y en cómo modifican nuestras sensaciones. Por supuesto, estas sensaciones pueden ser negativas –como el adiestramiento militar que nos enseña a ser agresivos–, pero cuando se utiliza el término *adiestramiento* en el contexto budista normal, me da la sensación de que se refiere a un aspecto más positivo. Si acabamos con nuestra ignorancia a través del estudio y del adiestramiento, nuestros sentimientos se vuelven más bondadosos.

La siguiente condición, la *disposición mental*, se refiere al hecho de que nacemos en este reino en particular debido a nuestro karma anterior y, por tanto, tenemos la capacidad de sentir en relación a los objetos sensoriales. Algunas veces esto se llama la *naturaleza de la reencarnación* porque el lugar donde nos reencarnamos afecta al tipo de sensaciones que experimentamos. Por ejemplo, si nacemos en el reino de lo inmaterial, donde no hay objetos sensoriales, no podríamos experimentar ninguna sensación sensorial en absoluto.

La última condición, la *personalidad*, es muy importante. Una persona que es bondadosa y consciente tendrá sensaciones distintas que una persona que es muy impulsiva e inconsciente. De esta manera, nuestra personalidad condiciona nuestras sensaciones.

Estos cuatro elementos condicionan las sensaciones pero, a la inversa, las sensaciones condicionan a todo lo que hacemos. Resulta imposible que un animal, dominado por el sufrimiento y carente de inteligencia, comprenda su mundo y desarrolle compasión. Incluso a un ser humano, si es propenso a la agresividad, es probable que le resulte muy difícil meditar. Por otra parte, si meditamos sobre la compasión y esa sensación es muy intensa, eso sin duda influirá en nuestra conducta.

En un nivel más sutil, el modo en el que nos sentimos hacia un objeto está afectado por cada una de esas cuatro condiciones. Supongamos que coloco un pastel de plátano delante de un grupo de amigos. La mayoría de ellos simplemente lo mirarían como un pastel delicioso y querían un pedazo, pero quizás algunos de ellos se sentirían de manera distinta. Una persona podría sentirse verdaderamente desdichada porque le encantan los pasteles de plátano pero tiene alergia a la harina. Otras personas, después de leer una serie de artículos acerca de la sobrealimentación, podrían rechazarlo. Ésa es la sensación condicionada por el adiestramiento.

La intención

La *intención*, el siguiente factor mental omnipresente, también se llama *volición*. Éste es el elemento que coordina y dirige la actividad de cada uno de los otros elementos dentro de la mente principal con relación al objeto. Una vez que está presente la sensación, la intención conduce nuestra mente hacia una cierta dirección.

La intención es el factor que actualiza lo que ha iniciado la sensación. Si el sentimiento que se ha generado a través del contacto con el objeto es la atracción, la intención mueve la mente hacia el objeto. Por ejemplo, si paso por delante de una tienda y huelo un mango maduro, aparece el sentimiento de atracción. La intención es el paso en el proceso mental que me lleva a comprarlo.

La intención está relacionada con la motivación, pero aquí debemos tener cuidado. En tibetano, el término *motivación* refleja un nivel ordinario de función, mientras que la intención es algo mucho más sutil. Cualquiera que sea el objeto, la intención hace que la mente se dirija hacia él. En otras palabras, la intención, o la volición, es una acción kármica. *Karma* es una de las palabras más importantes del budismo, pero muchas veces no se entiende adecuadamente. Se refiere a la ley de causa y efecto con relación a la mente. Podemos realizar acciones con nuestro cuerpo o con nuestro lenguaje, pero son nuestros actos mentales (y nuestras percepciones de nuestros actos físicos y verbales) los que crean el karma. Se crea un nuevo karma en cada momento de consciencia porque la intención está siempre presente. Cuando, con atracción o aversión a un objeto sensorial, nuestra mente actúa, creamos el potencial de que existan experiencias positivas o negativas en el futuro.

Por tanto, la intención es verdaderamente responsable de todo nuestro placer y dolor futuro. Si la sensación es la causa, la intención es la acción resultante en su forma más sutil y latente. La intención planta las semillas que germinarán en forma de nuestra futura felicidad o desdicha.

Cuando nuestra mente se concentra en ciertas cosas, necesita algún tipo de dirección hacia donde ir, algo a lo que perseguir. Como cuando llegamos a una rotonda desde donde parten muchas carreteras distintas y debemos decidir cuál de ellas tomar. Esa decisión es la intención. Pero una vez más esta decisión no es aleatoria; hay una serie de razones que nos llevan a elegir una cosa y no la otra.

¿De dónde procede la intención? ¿Por qué tomamos un camino en lugar del otro? Desde el principio de los tiempos, a través de nuestros actos hemos recopilado una serie de impresiones kármicas en nuestra mente y éstas dictan nuestras intenciones. Las impresiones kármicas actúan como patrones de hábitos mentales y nuestra recopilación singular de impresiones kármicas determina el modo en el que percibimos y respondemos ante el mundo. Es muy importante comprender cómo, debido a esas impresiones kármicas, la intención nos conduce hacia una dirección en particular. Veamos un ejemplo básico. Como nacemos en este reino con esta consciencia sensorial, la predisposición de la consciencia visual es percibir la forma. Si no hubiera impresiones kármicas, esto no sucedería. Esto es un proceso natural. De igual modo que la consciencia visual observa la forma, la consciencia auditiva escucha el sonido y así sucesivamente. Según el budismo, eso no ocurre simplemente porque el ojo tenga la capacidad de ver, que es una función biológica, sino porque existe verdaderamente una tendencia kármica a ver cosas.

La tendencia más intensa de todas es la de autopreservación. Imaginemos que estamos en un cruce y tenemos dos opciones: una ruta segura y una ruta peligrosa. La inmensa mayoría de nosotros tomaríamos de manera natural la ruta segura, la ruta de la autopreservación. Cualquier cosa que ayude o dañe nuestro sentido del yo da color a nuestros sentimientos e intenciones. Esta tendencia se manifiesta con más intensidad en el momento de la muerte, donde la predisposición a aferrarnos a la existencia activa las semillas kármicas que nos proyectan hacia nuestra siguiente vida.

Los hábitos, por supuesto, crean tendencias. Y esto sucede en todo momento. Ese primer cigarrillo, que podría haber resultado desagradable, dará lugar a otro y luego a otro y poco a poco, la adicción se arraigará en nosotros. Pero, por lo general, este proceso es más sutil que todo eso. El ojo ve el color azul. Esto establece una predisposición a ver el azul en el futuro. Si de alguna manera uno está condicionado a asociar el placer con el color azul, su mente tenderá a sentirse atraída hacia las cosas azules. En una multitud de personas que llevan ropa de colores diferentes, por ejemplo, su ojo tratará de manera natural de buscar y de posarse en un suéter o en un vestido azul. Nuestra mente contiene innumerables impresiones kármicas de nuestras conductas habituales recogidas a lo largo de innumerables vidas. Trata de recordar esto cuando intentes comprender por qué nos sentimos atraídos hacia ciertas cosas y por qué sentimos repulsa hacia otras. Cuando nuestras atracciones y aversiones parecen aleatorias, sólo se debe a que el nivel en el que el karma está funcionando es demasiado sutil como para poder comprenderlo.

La implicación con el objeto

El último factor mental omnipresente es la implicación con el objeto, que concentra la mente sobre un objeto específico y excluye a los demás. La implicación con el objeto también ayuda a mantener el objeto ante la mente. Sin él, la mente sería incapaz de retener el objeto ni siquiera durante un segundo.

La implicación con el objeto es el factor que filtra la información. Teniendo en cuenta la inmensa cantidad de información sensorial que recibimos a cada momento, podemos imaginar cómo sería nuestra experiencia si no pudiéramos concentrarnos en una cosa y excluir las demás. Nuestra mente podría pasar de un objeto a otro a cada segundo pero, en un momento dado, la mente atiende a un solo objeto y es este aspecto omnipresente el que es pertinente en este caso. A través de la meditación, por supuesto, podemos mejorar esta implicación con el objeto y aprender a dirigirla voluntariamente y mantenerla de forma definitiva, convirtiéndose así en una herramienta poderosa para la liberación.

Estos cinco aspectos de la mente funcionan juntos, con independencia de si los actos que estamos llevando a cabo son positivos, negativos o neutros. En sí mismos, estos cinco factores están presentes, tanto si somos conscientes de ello como si no y no son siempre evidentes.

Si lo pensamos, resulta muy sencillo comprender por qué no puede haber mente sin ellos. Para que la mente, que es subjetiva, esté presente, debe haber un objeto. También debe haber de alguna manera un contacto entre la mente y su objeto. Si no hubiera discernimiento, no habría nada acerca del objeto que la mente pudiera captar y si no hubiera sensación, no podría haber verdadera experiencia del objeto. En este caso, ¿cómo podría existir una mente que "conozca" el objeto?

Pero incluso este entendimiento es el reflejo de un nivel muy básico de funcionamiento, así que para ir más allá, consideramos la *intención*. Por último, sin la *implicación con el objeto*, aunque todos los demás factores estén presentes, no podríamos concentrarnos en el objeto lo suficiente como para que el acontecimiento mental sea significativo.

FACTORES MENTALES QUE DETERMINAN EL OBJETO

Dentro de la tradicional división séxtuple de los factores mentales, el segundo grupo es el de los factores mentales que determinan el objeto. Éstos son:

1. la aspiración
2. el aprecio
3. la atención
4. la concentración
5. la inteligencia

Si el primer grupo es como el motor de la mente, este grupo es lo que realmente da forma a su experiencia. Estos factores mentales determinan el objeto de la mente principal, tomando la arcilla de los datos sensoriales sin procesar y moldeándolos hasta adoptar la forma final de la escultura. Lo cercano que esté el *objeto determinado* de la realidad depende de lo engañada, o iluminada, que sea la mente.

La aspiración

La *aspiración*, al igual que la intención, nos lleva hacia un objeto de apego o nos aparta de un objeto de aversión. Es la mente la que desea realizar una actividad en particular y la que se toma un gran interés en el proceso. Podría ser una decisión consciente y discursiva o podría ocurrir en un nivel inconsciente y prelingüístico. Pero la aspiración difiere de la intención. Aunque son conceptos muy parecidos, la intención es mucho más básica y actúa como uno de los aspectos fundamentales de cualquier mente, mientras que la aspiración es una consecuencia de los múltiples procesos que ocurren y no siempre está presente.

La aspiración funciona como la base del entusiasmo, que es una parte importante de la práctica budista. Por ejemplo, si oímos que es posible llegar al fin del samsara, el ciclo de sufrimiento, nos sentimos espoleados y aspiramos a alcanzar esa meta. Ésa es una mente verdaderamente poderosa, aunque el fin del samsara no llegará sólo a través de la aspiración, por muy ferviente que ésta sea. También será necesario emplear otros medios.

El aprecio

Si la aspiración es el deseo de alcanzar o de poseer el objeto, el *aprecio* es el factor mental que desarrolla esa mente. Cuando observamos que el objeto determinado tiene una serie de cualidades que hacen que sea digno (y no olvidemos que estas cualidades pueden ser positivas o negativas), el aprecio estabiliza la relación con el objeto dirigiendo la mente hacia él con mayor intensidad.

El aprecio tiene la función de desear el objeto y de asegurar su recuerdo. Supongamos que estás leyendo esto en el salón de tu casa y sobre la mesa de café que hay ante ti se encuentra una gran variedad de objetos. ¿Qué es lo que dirige tu consciencia visual hacia un objeto en concreto? Cuando recuerdas esa escena más adelante, ¿qué factor mental es responsable de que un objeto se recuerde con claridad pero otro no? La sensación no es más que eso: apego, aversión o indiferencia hacia un objeto. El aprecio va un paso más allá en el reconocimiento de una cualidad en el objeto que ha motivado esa sensación y con ello lleva la mente a aferrarse al objeto. La mente "aprecia" el objeto en el reconocimiento de la cualidad, tanto si es positiva como si es negativa o neutra.

La atención

La *atención* es la capacidad de la mente para regresar a un objeto. Es distinta al aprecio en el sentido de que este último puede asignar una cualidad al objeto pero no tiene capacidad para regresar al objeto, ya sea de un instante a otro o en un momento futuro.

Sin la atención nunca podríamos conocer un objeto durante más de un instante. La atención es la capacidad de la mente para regresar al objeto una y otra vez, que en realidad es lo que sucede continuamente cuando observamos algo. Tal y como veremos en el capítulo 7, el primer momento en el que una mente se encuentra un objeto, según los textos Pramana, se distingue de los momentos subsiguientes en que es más intenso, ya que los momentos subsiguientes se apoyan en la experiencia inicial y, por tanto, no ejercen el mismo impacto en nuestra mente. Esto es enormemente académico, y quizás es suficiente aquí ceñirse al uso del término "momento". Intuitivamente, parece que nuestra mente se queda en un objeto, aunque en realidad es un proceso continuo de regreso al objeto, que es lo que los textos denominan *atención*. La atención también es la base para la memoria. Si la atención de una experiencia es intensa, será más fácil repetir esa experiencia más adelante.

La continua aplicación de la atención actúa como la base de la concentración, y la capacidad de la atención para regresar al objeto en una fecha más adelante también es la base de la memoria.

Por ejemplo, cuando entramos en la *gompa* de un monasterio tibetano, percibimos que el intenso incienso tibetano desprende un aroma muy característico. Si es la primera vez que lo visitas, en realidad no estás prestando atención al aroma, sino que lo estás almacenando en la memoria. Cada vez que huelas ese incienso en el futuro, descubrirás que estás regresando a esa *gompa*: es tu recuerdo producido por la atención que te lleva allí. Si asocias el aroma con la paz y la felicidad, ese sentimiento emergerá en tu mente. Sin embargo, si eres alérgico al incienso, sólo recordarás haber estornudado.

La concentración

Aunque llamamos a este factor mental *concentración*, puede resultar un poco confuso, ya que la *concentración* muchas veces se refiere a una actividad voluntaria consciente. La concentración en este contexto simplemente es la capacidad de la mente para retener el objeto. Si la atención nos retrotrae al objeto una y otra vez, la concentración tiene la capacidad de mantener ese objeto.

Nuestra capacidad para retener el objeto depende completamente de nuestra conexión con la experiencia. Por ejemplo, si tratamos de concentrarnos en el deseo de liberarnos del samsara pero la motivación realmente no está presente, nuestra mente pasará a otro objeto con total rapidez. Personalmente, no tengo ningún problema en pasar mi mente de un objeto a otro; pero mantenerse en un objeto es otra cuestión.

La inteligencia

Al igual que sucedía con la palabra concentración, el uso común de la palabra inteligencia es diferente del que se le atribuye aquí. Convencionalmente, la *inteligencia* es lo contrario de la estupidez. Aquí estamos hablando de algo más sutil: de la capacidad de la mente para examinar un objeto y determinar su valor comprobando que ese objeto posee ciertas características que lo convierten en atractivo o en repulsivo (o en ninguna de las dos cosas). A la hora de determinar las características del objeto, este factor mental presenta cierto grado de seguridad. Otros estados mentales recogen información acerca del objeto; este estado mental toma decisiones basándose en eso.

Los factores omnipresentes están presentes tanto si estamos concentrados como si no. Los factores mentales que determinan un objeto, por el contrario, no lo están. Su presencia depende del grado en el que nuestra mente explora el objeto. No entrar dentro de la categoría de "omnipresente" sugiere que no todos ellos operan en todos los acontecimientos mentales y tradicionalmente esto es lo que se declara, pero opino que esos cinco factores, por lo general, casi siempre van a estar en funcionamiento. Si estamos enfocados en algo (y a menos que estemos inconscientes siempre lo estamos), entonces los cinco deben estar funcionando. Sin embargo, operan a diferentes grados: algunos muy activamente y otros apenas lo hacen. Quizás, por ejemplo, nuestra aspiración por progresar en el camino espiritual sea muy intensa, pero nuestra inteligencia es escasa, o viceversa.

El hecho de que seamos conscientes de esos factores mentales depende de la cantidad de tiempo que ocurren en nuestra mente. Por ejemplo, si el primero, la aspiración –en este caso, supongamos que es la aspiración de alcanzar la liberación– permanece cierto tiempo, podríamos reconocer que se encuentra allí.

Aunque puede parecer que estos cinco factores mentales que determinan un objeto son secuenciales –que uno se construye sobre la base del anterior– en realidad no es así. El orden en el que aparecen depende de las circunstancias.

Aunque los términos para designar los factores mentales parecen indicativos de mentes virtuosas, estos factores mentales por sí mismos (como los factores mentales omnipresentes) ni son intrínsecamente virtuosos ni son intrínsicamente no virtuosos. La mente que precede a la acción de robar necesita cierto tipo de aspiración, de atención y de inteligencia; y la mente que precede a la acción de dar requiere lo mismo.

Los factores mentales que determina un objeto son actividades cognitivas psicológicas que constituyen el mecanismo básico de nuestra consciencia. En unas circunstancias normales, nos resulta difícil ver el funcionamiento de este mecanismo. Nos confunde el condicionamiento cultural que nos carga de suposiciones y estamos confundidos por el lenguaje, que limita nuestra experiencia de un acontecimiento o de un objeto cuando asigna nombre de manera simplista o describe de manera verbal. Muchas veces percibimos un factor mental secundario como una mente principal. Decimos "estoy enfadado" o "me siento feliz" y, debido al lenguaje, tenemos la sensación de que somos ese enfado. Para entender que esto no es el caso es preciso ir más allá de las suposiciones que hacemos en el nivel de nuestras emociones básicas y superficiales y examinar los niveles más complejos de nuestras mentes que están en funcionamiento.

LOS FACTORES MENTALES VARIABLES

De las seis categorías de factores mentales (omnipresentes, que determinan un objeto, saludables o positivos, aflicciones mentales principales, aflicciones mentales derivadas y variables) hemos hablado de las dos primeras. Antes de examinar en profundidad los factores mentales saludables y los no saludables que dominan nuestra vida, me gustaría resumir las mentes de la última categoría, los factores mentales variables, que pueden ser positivos, negativos o neutrales.

El sueño

El primer factor mental variable es el *sueño*, que en el budismo se considera la mente que normalmente funciona cuando nuestras consciencias sensoriales ordinarias cesan sus funciones. El budismo cree que la consciencia continúa mientras dormimos, tanto si estamos soñando como si no, aunque no seamos "conscientes" de lo que está sucediendo a nuestro alrededor.

Según los textos *Abhidharma*, el sueño puede ser virtuoso, no virtuoso o neutral dependiendo de la consciencia inmediata que lo precede: del tipo de mente que tengamos justo antes de dormir. Esa mente es muy importante para la mente del sueño. Si la mente que tenemos antes de dormir es virtuosa, como pensar que vamos a dormir no sólo para descansar, sino también para refrescar el cuerpo con el fin de recuperar la energía que nos ayude a nosotros mismos y a los demás, entonces nuestra mente en el sueño será probablemente virtuosa. De igual modo, si caemos dormidos con una mente totalmente inclinada en la liberación, ésa es una manera fantástica de asegurarnos de que todo el tiempo que vamos a emplear durmiendo será muy positivo, con independencia de las horas que durmamos. Para aquellas personas a las que les gusta mucho dormir, tal vez ésta es la mejor práctica.

Por el contrario, si la mente anterior al sueño no es virtuosa –supongamos que caemos dormidos mientras planeamos vengarnos de los demás por algún daño que nos hayan hecho– entonces la mente del sueño será no virtuosa. De igual modo, si caemos en el estado del sueño con una mente neutral, entonces el sueño también será neutral.

El arrepentimiento

En budismo, el *arrepentimiento* no es el sentimiento de culpabilidad. La culpa es una emoción que está movida por el ego y, como tal, siempre es no virtuosa. Pero el arrepentimiento puede ser virtuoso o no virtuoso. Es virtuoso cuando sentimos un profundo arrepentimiento por las cosas negativas que hemos hecho en el pasado, consciente o inconscientemente, actuando bajo el poder del apego, de la ira, de los celos o de cualquier otra sensación parecida. Saber que las acciones perjudiciales del cuerpo, del lenguaje y de la mente son negativas y que deberían evitarse, y sentir arrepentimiento por haberlas cometido es algo positivo en el sentido de que deja una impresión definitiva en nuestra corriente mental que nos ayudará a evitar esas acciones en el futuro. Cuando los monjes y las monjas realizan una práctica dos veces al mes para purificar sus votos, la práctica principal es el arrepentimiento por haber roto los votos. En la práctica Vajrayana, el arrepentimiento es el elemento principal en cualquier práctica de la purificación.

Por el contrario, si nos arrepentimos profundamente por haber cometido una acción saludable, entonces ése es un factor mental negativo. Por ejemplo, si beneficiamos espontáneamente a muchas personas durante un desastre natural, pero más adelante, por la razón que sea, nos arrepentimos de haberlo hecho, entonces es un arrepentimiento no saludable.

Esa mente creará un gran impacto en nuestra consciencia y, en caso de que sucediera un incidente similar, no estaremos dispuestos a implicarnos en él.

El examen general

El *examen general* es una mente que explora un objeto —las cosas y los eventos que configuran nuestra vida diaria— pero no de una manera profundamente analítica. Es virtuosa o no virtuosa, dependiendo de la motivación que tenga. Tal vez estamos sintiendo alegría y vemos que dicha alegría es consecuencia de haber ayudado a un amigo. No hay un análisis profundo de por qué sentimos esa emoción, sino que simplemente tenemos la sensación de que es así por esa razón, y como la acción era positiva, la mente que realiza ese examen es positiva. Y, al contrario, examinar una mente que se sienta enfadada por haber ayudado a los demás, o alegre por haber robado, se considera que es una mente negativa. Por supuesto, el examen general que ve la ira como una emoción destructiva no es una mente negativa.

El análisis preciso

El *análisis preciso* es el factor mental que explora los objetos de una forma detallada. Por ejemplo, nos aferramos a un objeto, como un coche nuevo, y analizamos intencionadamente las distintas maneras de adquirirlo o, por el contrario, nos damos cuenta de lo importante que es entender el vacío, y analizamos en detalle las estrategias necesarias para adquirir un profundo entendimiento de él.

Los dos últimos factores mentales variables, el examen general y el análisis preciso, son distintos grados de la misma mente y su polaridad viene determinada por el objeto que están explorando. Si el objeto es saludable, la mente será saludable y viceversa.

LAS TRES ZONAS

Antes de examinar los estados mentales positivos o saludables (la tercera categoría de los factores mentales), vamos a analizar los negativos o no saludables, que en los textos *Abhidharma* se dividen en las aflicciones mentales principales y en las distintas aflicciones mentales derivadas que emergen de ellas.

Cada una de las aflicciones mentales se considera destructiva o no saludable. Son los estados mentales que causan nuestro sufrimiento. Sin embargo, si examinamos la lista que aparece en las páginas 70 y 71 sin hacer una profunda consideración, nos podríamos cuestionar la inclusión de algunos elementos. Como estás leyendo este libro, sospecho que das por sentado que el deseo da lugar a problemas. Pero si es así, es probable que seas una minoría en Occidente, al menos si tomamos como referencia los medios de comunicación. ¿Y cuántos gurús de las recomendaciones nos informan de que la ira es beneficiosa? Sin lugar a dudas, suprimir la ira es peligroso pero, en mi opinión, demuestra muy poca vista sugerir que airear la ira es psicológicamente sano. Aliviarla es posible que resuelva problemas a corto plazo y disipe la tensión —el budismo no niega eso— pero sin lugar a dudas no conducirá a una completa cesación del sufrimiento y podría llegar verdaderamente a intensificarlo.

El siguiente gráfico muestra el modo en el que los sentimientos y las emociones reconocibles que están sobre la superficie de nuestra consciencia en realidad están impulsados por factores mentales cada vez más profundos, comenzando por las aflicciones mentales principales. He incluido muchas más de las tradicionales veinte aflicciones derivadas que encontrarás en su clasificación habitual que aparece en el apéndice.

En el capítulo siguiente examinaremos los métodos que hay para manejar estados mentales negativos específicos, especialmente la ira o aversión, pero por ahora es importante comenzar aclarando algunas cosas acerca de su origen. Por tanto, he modificado la división tradicional entre aflicciones principales y derivadas en tres zonas de sutileza decreciente. La primera zona abarca las aflicciones en el nivel de mente más profundo. Las aflicciones mentales de esta zona son las más difíciles de comprender y de eliminar. Son la causa de la existencia de los factores mentales de la segunda zona, que a su vez son la causa de la existencia de los factores mentales de la tercera zona, que es el nivel de mente más superficial.

En las cuatro verdades nobles, Buda nos enseñó la verdad del sufrimiento antes de la verdad de la causa que lo produce –el origen del sufrimiento– porque tenemos que reconocer el sufrimiento antes de vernos obligados a buscar su causa. Del mismo modo, en nuestra vida cotidiana reconocemos perfectamente que tenemos problemas y, para tratar de comprender qué es lo que los ha causado y así superarlos, debemos mirar por debajo de la superficie. Nunca podremos tratar adecuadamente las aflicciones ordinarias de la envidia, el orgullo, la baja autoestima, etc., si no somos capaces de identificar y de controlar su fuente.

Supongamos que te domina un abrumador deseo de venganza. Para trazar su causa, debes mirar en la tercera zona del gráfico de abajo –la venganza se encuentra en el cuadro titulado *derivado de la ira*. Aunque hay muchos aspectos de la mente que tratan de vengarse, es principalmente un estado mental de la ira. Si sigues su trayectoria, verás que emergen por causa de la ignorancia del nivel burdo de causa y efecto, que en sí mismo procede de un factor mental de la segunda zona, en este caso, de la agitación y de la aversión. Aunque la palabra *ira* podría no parecernos tan fuerte como la palabra *venganza*, la ira es la raíz, porque está más profundamente arraigada, ya que tiene la capacidad de producir una mente deseosa de cobrarse venganza.

A su vez, ambas son producidas por uno de los factores mentales más arraigados de la primera zona, la *aversión*. En este momento nos encontramos en la misma fuente de todos los problemas, la aversión impulsada por nuestra confusión fundamental acerca de la manera en la que las cosas –el yo, los fenómenos y los acontecimientos– existen verdaderamente.

En este gráfico, aunque las aflicciones derivadas están distribuidas en un orden que refleja su dependencia de las aflicciones más profundas de las que emergen, las diferencias entre los grupos no están claramente establecidas; aquí sólo aparecen como guía. La principal motivación para la venganza, por ejemplo, podría ser la envidia producida por el apego. Necesitamos tener esto en cuenta cuando examinemos las aflicciones de manera individual.

LA PRIMERA ZONA Y LAS TRES AFLICCIONES MENTALES PRINCIPALES

Se dice que las aflicciones mentales principales son la perturbación principal que se encuentra dentro de la mente que conduce a un estado de agitación manifiesta dentro de nuestra consciencia. Nuestra confusión fundamental impulsa las aflicciones más básicas, como la aversión y el apego, que a su vez conducen a una serie de emociones profundamente arraigadas, como la ira y el deseo. Desde esta raíz se extienden todas las demás emociones inquietantes.

Es muy difícil darnos cuenta de esto si sólo tratamos de afrontar nuestros problemas más patentes. Pero si lo analizamos profundamente, descubriremos las tres causas básicas de nuestros problemas actuales: la ignorancia, el apego y la aversión. Esas tres aflicciones mentales principales también se llaman *los tres venenos*, porque todo lo que está contaminado por ellos deja una estela de sufrimiento. El *apego* significa aferrarse a cosas que mantienen nuestro sentido de permanencia. La *aversión* se refiere a apartar las cosas que dañan a nuestro sentido de permanencia. La *ignorancia* es ese mismo sentido de permanencia y, aunque está clasificada en el mismo nivel que los otros dos venenos, también se puede considerar su causa principal.

Tradicionalmente hay seis aflicciones mentales principales. Las otras tres son la prepotencia u orgullo, la opinión engañosa y la indecisión engañosa pero, como todas ellas proceden de alguna manera de la ignorancia, podemos dejarlas a un lado en este momento[14]. La ignorancia, el apego y la aversión, de una u otra manera, alimentan a todos los demás factores mentales no saludables que se encuentran en nuestro continuo mental.

Si observas la primera zona del gráfico (páginas 70 y 71), verás que la confusión fundamental acerca de cómo existen el yo, las cosas y los acontecimientos crea una ignorancia de la relación más sutil de la ley de causa y efecto. De esta ignorancia crece el egocentrismo. Nos vemos a nosotros mismos como algo permanente y concreto y nos sentimos obligados a defenderlo como tal. Esto se desarrolla de tres maneras. Si algo parece apoyar nuestro sentido de la permanencia, la mente se ve atraída hacia ello. Por tanto, desde el *egocentrismo* que aparece en el gráfico, sale una flecha que va hacia el *apego*. Si no, la mente rechaza cualquier cosa que no apoye ese sentido de permanencia. Esto manifiesta un rechazo sutil del objeto, que en el gráfico es la *aversión*. Si el objeto ni apoya ni amenaza el sentido de permanencia, entonces la mente simplemente lo ignora.

Las mentes que se encuentran en la primera zona están extraordinariamente arraigadas, funcionando a pleno rendimiento bajo el nivel consciente. Todos los seres no iluminados experimentan estas mentes, incluso aquéllos que se encuentran en el reino de lo inmaterial, que carecen de un cuerpo físico.

La ignorancia

En nuestros estudios sobre la filosofía budista escuchamos tantas veces la afirmación de que la ignorancia es la raíz de todo sufrimiento que muchas veces podemos estar tentados a aceptarla sin realmente tratar de analizar su significado. Las cuatro verdades nobles explican la ignorancia en la

FACTORES MENTALES NO SALUDABLES

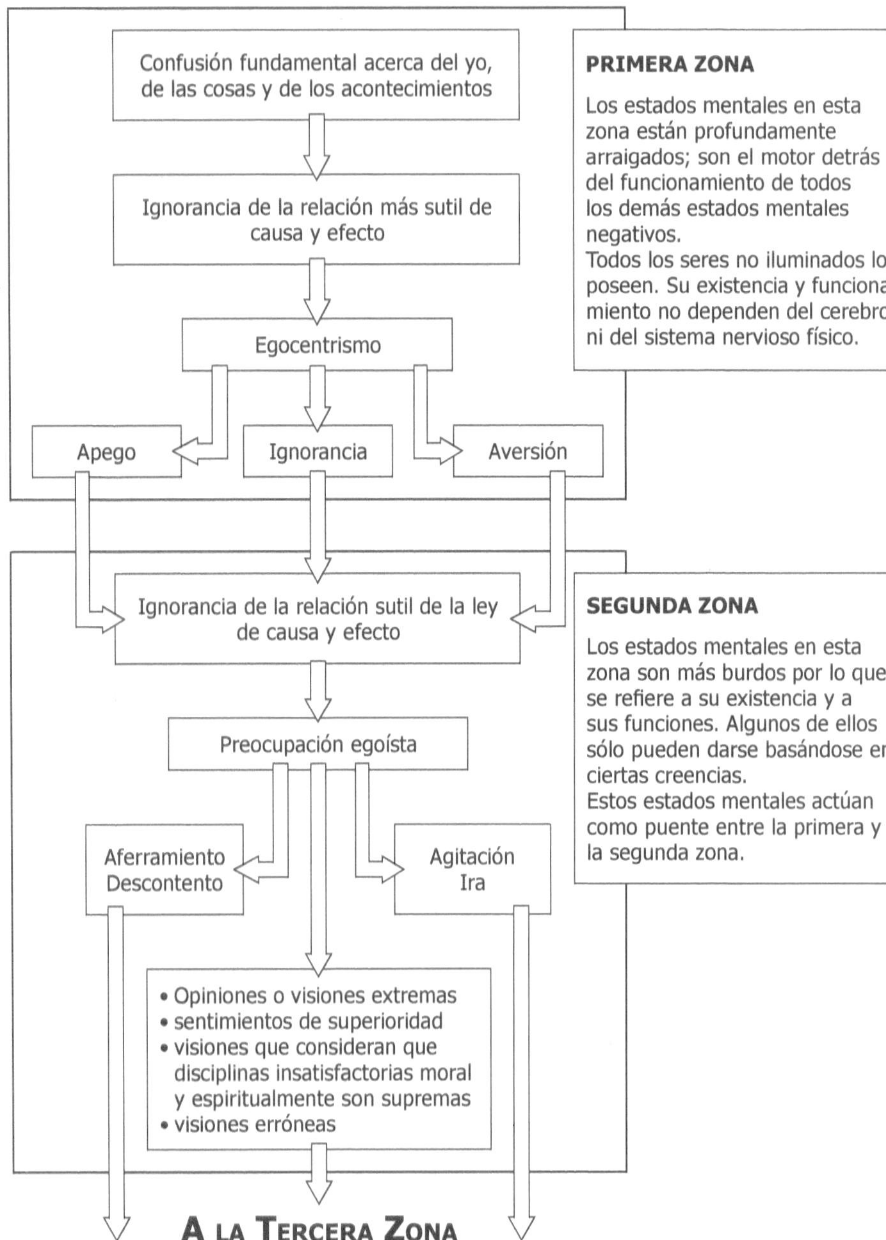

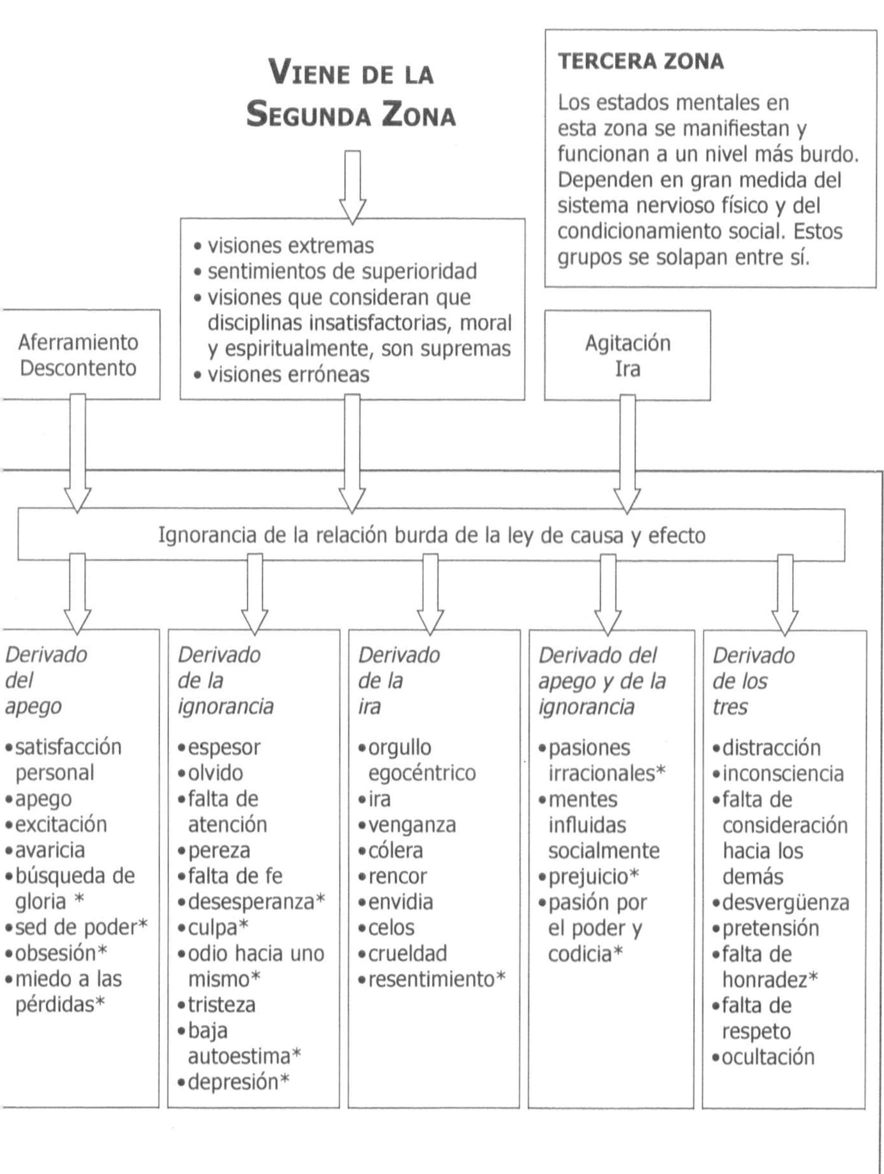

[1] Los factores mentales que están marcados con un asterisco no se encuentran en las listas tradicionales de los cincuenta y un factores mentales, pero los he añadido para mostrar cómo se relacionan con la lista tradicional.

presentación de la verdad del origen del sufrimiento y se divide en dos tipos: la ignorancia innata y la adquirida (intelectualmente).

La *ignorancia adquirida intelectualmente*, tal y como su nombre implica, es una ignorancia que emerge de la influencia de nuestra cultura, de nuestro entorno, de nuestra religión o de nuestro adiestramiento. Entre las dos formas de ignorancia, esta forma es más burda y más fácil de superar.

La *ignorancia innata* equivale a la confusión fundamental en la parte superior del gráfico que vimos antes. Ha formado parte de nuestra experiencia desde el principio de los tiempos y nos ha llevado a actuar de manera no virtuosa. Ésta es la mente que entiende equivocadamente que el yo existe de manera independiente o inherente. También se llama la *falsa visión de lo compuesto y transitorio*. De hecho, no somos más que nuestros cinco agregados —forma, sensación, discernimiento, factores composicionales y consciencia— y esta composición está sometida a cambio constante. Nuestro aferramiento a la visión errónea innata que percibe lo contrario de esto es la raíz de la existencia cíclica.

Una vez que vemos las cosas como algo permanente e independiente, establecemos una fuerte distinción entre nosotros y el mundo exterior, una distinción que en realidad no existe. Esto es la ignorancia básica y, aferrándose a que esto es cierto, la mente se defiende asiéndose a las cosas que refuerzan esta postura y rechazando las cosas que la dañan. Es desde esta perspectiva cuando la ignorancia se considera la causa del apego y de la aversión.

El simple hecho de alcanzar un entendimiento intelectual del término ignorancia es todo un reto, pero llegar a superarlo en nuestra mente es una tarea mucho mayor. De los dos aspectos del camino que conducen a la Iluminación, el método y la sabiduría, las prácticas para superar la ignorancia se engloban dentro de la categoría de la sabiduría. La sabiduría se refiere al entendimiento inequívoco de cómo existen las cosas y la ignorancia es el principal obstáculo para la sabiduría.

La ignorancia innata emerge en base a la idea equivocada de que nuestro "yo" es una "cosa" unitaria que existe de una forma objetiva e independiente. Esta predisposición inmensamente poderosa para ver las cosas como independientes e intrínsecas la llevamos en nuestra mente de una vida a otra y es la razón principal de que no seamos seres Iluminados.

La ignorancia innata es la causa inmediata de la siguiente aflicción más sutil, la ignorancia de la relación más sutil de la ley de causa y efecto. Ésta es la ignorancia a la que se refiere en el primer vínculo de los doce vínculos de origen dependiente –la enseñanza que explica la sucesión de causas y efectos que componen la existencia cíclica. Según esta enseñanza, la ignorancia crea karma, el segundo vínculo, lo cual conduce a la consciencia y así sucesivamente a través de la formación de la sensación y del apego al nacimiento, que es la causa inmediata de envejecimiento y de la muerte[15]. Para eliminar la muerte, necesitamos acabar con el nacimiento, y para ello necesitamos eliminar el apego y todos sus vínculos precedentes. Incluso entonces, como *arhats*, todavía no somos seres Iluminados porque permanece el primer vínculo de la ignorancia. Esto significa que el residuo sutil de aflicciones todavía debe purificarse.

El apego

El apego puede aparecer en relación a cualquier objeto y se manifiesta en las tres zonas. Es un aspecto generalizado de nuestras experiencias mentales. Algunos niveles de apego son profundamente inconscientes e influyen en nuestras acciones de una manera que no podemos comprender; mientras que otros niveles son fácilmente reconocibles. El apego exagera la calidad del objeto y lleva a la mente hacia ese objeto. Para que el apego esté presente, el objeto no tiene por qué ser intrínsicamente atractivo. La mente puede sentirse atraída por cualquier objeto, desde un arma de fuego a un cuadro de Van Gogh.

Debido a la exageración característica del atractivo del objeto, el apego es un agente para la aparición del descontento. Antes de que poseamos el objeto, la mente se siente agitada por el deseo; una vez que tenemos el objeto, las cualidades deseables del mismo parecen haberse difuminado (aunque, en realidad, nunca llegaron a estar allí), o vivimos con el temor de perderlo. Observa sinceramente las posesiones y las relaciones que definen tu vida y analiza si esto es cierto. ¿El deseo que sientes por tu automóvil es ahora tan intenso como lo fue cuando lo compraste? ¿Tu reproductor de casettes sigue proporcionándole la misma satisfacción ahora que hay reproductores de CD y de MP3?

Y lo mismo sucede a todo el mundo. Debido a nuestro estado fundamental de descontento, nos aferramos a un nuevo objeto, anticipando que será la fuente de nuestra felicidad, y lo deseamos. Lo conseguimos y, tarde o temprano, como la felicidad que proporciona sólo es parcial y temporal, perdemos interés por él. Entonces, nos concentramos en el siguiente objeto que parece ser la repuesta a nuestras plegarias. De esta manera, establecemos un patrón en nuestra vida de descontento creciente y de anhelo constante. La fuente de este ciclo de descontento es el apego que exagera las cualidades de los objetos, que a su vez está producido por nuestra ignorancia fundamental en el modo en el que realmente interactuamos con los objetos.

La aversión

La aversión también es una exageración de un objeto que aparece de la ignorancia fundamental del modo en el que el yo y las cosas existen. Sin embargo, esta vez, como el objeto perjudica a nuestro concepto de permanencia, la mente exagera sus cualidades negativas. Una vez más, esta mente de aversión puede ser muy burda o muy sutil, abarcando las tres zonas de factores mentales negativos.

El descontento se convierte en apego cuando el objeto parece ser atractivo. La aversión o la ira aparecen cuando algo desbarata nuestro deseo o amenaza nuestra propia imagen. En un nivel inconsciente, la amenaza para nuestro sentido innato del yo se entiende mejor como una sensación sutil pero generalizada de insatisfacción, una sensación persistente de que algo no está del todo bien. Cuando se agrava, esta insatisfacción subyacente da paso a la frustración, a un aumento de la aversión, a un excesivo arranque de ira. Esos arranques invariablemente colocan una predisposición kármica particularmente intensa en nuestra mente y, por tanto, es esencial llegar a saber cómo desactivar la aversión antes de que ésta aumente.

LA SEGUNDA ZONA

Se encuentra más cerca del mundo consciente en el que habitamos, pero los factores mentales que afectan más directamente a nuestras sensaciones conscientes todavía están profundamente enterrados en nuestra inconsciencia. Éstas son las mentes que he colocado en la segunda zona, el puente que se extiende entre las causas principales y las aflicciones superficiales. En el gráfico verás que estos factores mentales son más burdos en su existencia y en sus funciones que los correspondientes a la primera zona. Es posible que las personas ordinarias lleguen a reconocerlos, pero no sin antes llevar a cabo una investigación; por lo general todavía son demasiado sutiles y profundos como para que se puedan advertir abiertamente.

Una vez más, cada zona se relaciona con un nivel distinto de sutileza de la mente. En la tercera zona, la ley de causa y efecto se hace evidente basándose únicamente en las apariencias externas. Vemos a alguien que es rico y que tiene una vida feliz y podemos encontrar las causas en el hecho de que tenga buen empleo y una personalidad agradable. Observamos estas causas y condiciones inmediatas de la vida, pero somos incapaces de ver las causas de *esas* cosas.

Los factores mentales de la segunda zona son más sutiles y, por tanto, también lo es el entendimiento de la ley de causa y efecto que se corresponde a ellos. Desde la perspectiva de la segunda zona, podemos observar que el estilo de vida del rico y la agradable personalidad de la persona afortunada ha sido producido por algunos hábitos como la generosidad en las vidas anteriores. A través del análisis llegaremos a un entendimiento de las leyes más sutiles de causa y efecto que operan aquí. Por el contrario, la causa y el efecto que se percibe a través de los factores mentales de la primera zona es increíblemente sutil. Se dice que sólo los budas pueden comprenderlo en este nivel.

Hay tres grupos de factores mentales en la segunda zona: (1) la preocupación por uno mismo, (2) el apego y el descontento y (3) la agitación y la ira. Estos factores mentales son parecidos a los de la primera zona, pero son más burdos. Y, a su vez, son mucho más sutiles que los que se encuentran en la tercera zona.

Los estados mentales de la segunda zona ocurren de manera espontánea en nuestra vida. No es necesario que nadie nos enseñe a aferrarnos a algo, ni que nos enseñe a ser infelices cuando las cosas van mal o a preocuparnos por nosotros mismos y a tener miedo. Mientras que los factores mentales de la primera zona son demasiado sutiles como para que seamos conscientes de ellos, podemos observar cómo funcionan los de la segunda zona prestando mucha atención a nuestros procesos mentales.

Sin un profundo entendimiento de las vidas pasadas y futuras, es imposible que podamos ver más allá de nuestros estados mentales más superficiales: aquéllos de esta vida que aparecen como consecuencia de una serie de circunstancias externas tales como nuestro entorno, nuestros amigos o nuestra cultura. Si sólo investigamos esto, no nos ayudará a comprender el origen de los factores mentales cuyas causas principales no son los acontecimientos de esta vida, sino las predisposiciones en nuestra corriente mental procedentes de innumerables vidas anteriores. Como consecuencia de los hábitos del aferramiento, el descontento y la preocupación egoísta, esos estados mentales se han desarrollado y enraizado a lo largo de nuestras vidas.

El aferramiento y el descontento están producidos por la preocupación por uno mismo, que a su vez es un producto de la ignorancia de la relación sutil de la ley de causa y efecto. De ese modo, el aferramiento y el descontento están asociados al apego de la primera zona. Del mismo modo, la agitación y la ira están asociadas a la aversión de la primera zona.

La preocupación egoísta se puede considerar desde el punto de vista de las siguientes divisiones:

1. la opinión (o visión) extrema
2. El sentimiento de superioridad
3. las opiniones que consideran que las disciplinas morales y espirituales insatisfactorias son supremas
4. las opiniones (o visiones) erróneas

Estos cuatro puntos de vista son erróneos y pueden darse fácilmente si ignoramos el nivel de relación sutil que existe entre la causa y el efecto. Empapan nuestras vidas de muchas maneras y dan color a nuestras reacciones y emociones. Estos puntos de vista son erróneos precisamente porque están movidos por la preocupación por uno mismo.

La primera de esas opiniones, la *visión extrema*, está asociada a las otras opiniones o visiones que aparecen en esta categoría, pero está relacionada especialmente con la última, las opiniones erróneas. Por esta razón, una persona no sólo mantiene un punto de vista erróneo de cualquier tipo, sino que además mantiene que, de alguna manera, es absoluto. Los distintos conceptos de lo que es el "yo" reflejan esto. Por una parte, alguien podría sentir que el "yo" está completamente separado de los agregados de cuerpo y mente, que desde una perspectiva budista es una idea errónea, pero superpuesta a ella está la sensación de que este "yo" independiente es en cierto modo eterno y divino: que vida tras vida, el "yo" permanece inmutable. A su vez, la idea de que el "yo" podría ser eso que existe sólo durante esta vida, es de nuevo un punto de vista erróneo, pero aquí se considera extremo porque está asociado a una identidad nacional o racial, en el sentido de que dejará de existir cuando esa nación o esa raza cese.

Esto, por supuesto, procede de los intentos por parte de los primeros filósofos budistas de rechazar las opiniones de las escuelas no budistas, pero podemos ver que está sucediendo lo mismo en el mundo moderno. La identidad nacional o racial es un asunto muy importante para muchas personas y se ha utilizado para crear un prejuicio increíblemente poderoso donde grupos de personas se creen que son superiores a los demás. Los dictadores de tendencia derechista actúan con la idea de que los seguidores de ese grupo en particular tienen una especie de derecho divino y que, por tanto, pueden subyugar e incluso asesinar a grupos enteros que no pertenezcan a su grupo. Eso es adoptar una idea o visión fundamentalmente errónea y actuar de manera extrema.

Podemos no ser abiertamente elitistas y, sin embargo, poseer el *sentimiento de superioridad*, considerando instintivamente que unos son inferiores y otros son superiores a nosotros. Incluso una emoción aparentemente positiva como la piedad puede emanar de un sentido de superioridad. Por tanto, debemos tener cuidado.

Las opiniones que consideran que las disciplinas moral y espiritualmente insatisfactorias son supremas son una poderosa influencia en nuestro mundo de hoy, tal y como podemos ver en el desarrollo del fanatismo y de la intolerancia religiosa. Hay muchos practicantes espirituales que piensan que su camino es el único verdadero y que el de los demás es inferior o erróneo. Veo esto también en el contexto de la vida laica. Viviendo en Inglaterra, que no es un país religioso, me encuentro con mucha gente que piensa que a las personas que tienen convicciones religiosas les han lavado el cerebro, que son estúpidas y supersticiosas. Algunos círculos abrazan una perspectiva cínica e irreligiosa como algo singularmente superior.

Muchas personas que tienen un trabajo corporativo, llevan un traje, agarran un maletín y conducen un coche piensan que su estilo de vida es superior al de los demás y que aquellas personas que tratan de seguir un camino espiritual sólo lo hacen porque no son capaces de triunfar en los negocios. Este punto de vista es muy convincente porque invade a nuestra cultura. Pero, en realidad, no es más que una versión secular que lleva a considerar que la ética insatisfactoria es suprema.

Desde una perspectiva budista, la *visión errónea* consiste en creer que las cosas no existentes existen o, por el contrario, en creer que las cosas existentes no existen. Por ejemplo, una persona podría sentirse enormemente enfadada consigo mismo o con los demás, pero piensa que es algo razonable porque esa ira no producirá ninguna consecuencia negativa o, si la tiene, será insignificante. Esa persona no pensará en las consecuencias a largo plazo, basando su punto de vista equivocado en la idea de que nada existe más allá del mundo superficial de la consciencia sensorial. A su vez, una persona podría percibir que algo existe cuando no es así, como cuando alguien que alucina por ingerir drogas y siente que la alucinación es real.

Dentro del budismo, el gran debate no se concentra alrededor de la ira o de las alucinaciones, sino del sentido del "yo" o del ser. Aquellas personas que piensan que el "yo" no existe en absoluto, o que existe pero es intrínsicamente independiente de los agregados de cuerpo y mente, se dice que tienen puntos de vista erróneos.

Una verdadera consciencia de la relación que existe entre la causa y el efecto es el antídoto a esos puntos de vista. Aunque nos encontremos con personas enormemente carismáticas que tratan de convencernos de que su filosofía es superior a todas las demás, o que las opiniones de los demás están completamente equivocadas, con el entendimiento de la causa y del efecto seremos capaces de diferenciar por nosotros mismos qué es correcto y qué no lo es. Cualquier práctica que nos ayude a reducir la preocupación egoísta dará lugar a unas ideas o visiones más virtuosas y precisas.

LA TERCERA ZONA

Las aflicciones mentales derivadas que se encuentran en la tercera zona aparecen con dependencia de nuestro sistema nervioso físico y de nuestra situación social, fundamentalmente de la sociedad en la que nos hayamos educado y del entorno que nos rodea. Mientras que se dice que los factores mentales de la segunda zona son *más burdos* que los de la primera zona, se dice que los de la tercera zona son *muy* burdos en su expresión y en su función comparados con los de las otras dos. Sin embargo, todavía podrían ser demasiado sutiles como para poder distinguirlos sin llevar a cabo una investigación.

En la tercera zona, encontramos estados mentales con los que muchos de nosotros estamos familiarizados. En el gráfico están distribuidos en los cinco grupos tradicionales[16], aunque he añadido algunos que no se incluyen tradicionalmente dentro de los cincuenta y un factores mentales. Estoy seguro de que podríamos ampliar esta lista indefinidamente.

Clasificar estos factores en cinco grupos supone principalmente aumentar nuestra comprensión de los factores; las categorías no son rígidas y, de hecho, están enormemente interrelacionadas. Un factor mental procedente de un grupo hace que uno emane del otro. Los sentimientos de venganza podrían emerger de la ira que experimentamos cuando alguien nos hace daño, pero igualmente podrían nacer del apego o de los celos. Este ejemplo debería recordarnos que nuestras emociones son complejas y desordenadas y su clasificación es una ciencia indefinida.

Análisis de los factores mentales individuales

Las cinco casillas que se encuentran en la tercera zona simplemente muestran las causas inmediatas de nuestros engaños más intensos de una manera general. Por ejemplo, la satisfacción personal y la excitación emergen del apego —eso es algo muy evidente— pero también lo son la ansiedad y el temor a sufrir la pérdida de un ser querido. Merece la pena investigar esos patrones en nuestras propias vidas para ver si son ciertas en nuestro caso en particular.

Merece la pena analizar algunos de los factores mentales etiquetados como *derivados de las tres aflicciones mentales principales*. ¿Cuál es la diferencia entre la pretensión y la desvergüenza? La pretensión aparece como fruto de una intensa sensación de ego. Es una sensación de superioridad que descarta los sentimientos de los demás, que es uno de los principales obstáculos para desarrollar compasión. La desvergüenza, por otra parte, es la ausencia de consideración hacia nosotros mismos. Es un factor mental enormemente peligroso. Con la desvergüenza, seguimos a cualquier cosa que se aparezca en nuestro continuo mental sin preocuparnos por las consecuencias de ese acto. Esto hace que seamos capaces de crear un enorme daño. Algunos expertos modernos en el *Abhidharma* utilizan a Hitler para ejemplificar este punto.

Entre los factores mentales producidos por el *apego y la ignorancia*, el prejuicio, por ejemplo, contiene un elemento de ira, pero sus componentes principales son la ignorancia y el apego. Es ignorancia porque ve a los demás como intrínsicamente inferiores o separados. Es apego porque alguien que tiene un prejuicio teme perder su identidad o alguna ventaja percibida. Los prejuicios raciales pueden causar muchos factores distintos y en sí mismos pueden dar lugar a otros estados mentales, como la falta de respeto, el odio y la crueldad. El orgullo, el apego hacia uno mismo y el odio hacia uno mismo también pueden alimentar el racismo.

En cierta manera las mentes derivadas de la ignorancia son las más difíciles de manejar. Estos factores mentales —como el espesor, el olvido y la pereza— hacen que la mente pierda toda su energía, claridad e intensidad, sin las cuales somos incapaces de hacer lo necesario para afrontar el problema. El orgullo y la ira, por el contrario, no carecen de intensidad. Si bien siguen siendo destructivas, se pueden transformar más fácilmente porque son estados mentales activos analizados por estados mentales activos. No sólo podemos ver lo negativos que son, sino también (al menos eso espero) cómo podemos eliminarlos.

La tristeza se incluye dentro de las mentes que son paralizadoras y que, por tanto son difíciles de contrarrestar por su ausencia de intensidad. Esto podría parecer extraño, porque, ¿acaso la tristeza no es una mente poderosa? Puede que lo sea. Por una parte, las emociones fundamentales que subyacen a la pena son la confusión y la falta de sentido, que están asociadas al espesor. Cuando el World Trade Center fue atacado por los terroristas, muchas personas afirmaron que se sintieron "planos" "sin pilas"y que vagaban sin rumbo durante días. Sólo después aparecieron todas las demás emociones complejas. Esa sensación de estar plano es la tristeza. Por otra parte, muchas veces la tristeza está íntimamente relacionada con el apego. Nos sentimos apegados a alguien o a algo que ya no está con nosotros. Estos ejemplos demuestran la complejidad de los factores mentales y cómo funcionan en nuestra mente.

Cómo emergen las aflicciones mentales derivadas

Aunque los acontecimientos mentales que estamos experimentando en este momento derivan de las aflicciones burdas que hemos situado en la tercera zona del gráfico, también están relacionadas con las causas anteriores. Por un lado, estas aflicciones están condicionadas por nuestro entorno, nuestra situación familiar y nuestra educación. Una persona que procede de una familia disfuncional o que no posee educación tiene menos probabilidades de poder controlar la ira y las frustraciones que aparecen en la vida cotidiana. Sin embargo, si lo examinamos desde un entendimiento del Dharma, podemos observar que las condiciones de nuestro entorno, de nuestra familia y de nuestra educación son en sí mismas productos de las acciones que hemos llevado a cabo en las vidas anteriores.

El estrés y la depresión están relacionados con las presiones a las que nos somete la sociedad moderna, pero la ignorancia es la causa principal de su aparición. Si trabajamos hasta el punto de no tener tiempo suficiente para relajarnos, podemos sentirnos estresados y deprimidos. Pensamos que la opulencia es el camino que nos conduce a la felicidad, pero obtenerla puede resultar tan estresante que hace que nos sintamos completamente deprimidos e infelices. Para mí, esto es un reflejo de un nivel de ignorancia muy burda. Sin embargo, si nos liberamos de la ignorancia, podríamos trabajar noche y día y nunca sentirnos estresados. Por tanto, la causa principal del estrés es la ignorancia.

Lo mismo sucede con las otras formas de ignorancia. La adicción al tabaco combina una adicción física con un anhelo mental burdo. A pesar de que sabe perfectamente el daño que causa, un fumador empedernido sigue fumando. De hecho, la mayoría de nosotros padecemos algún tipo de adicción. Mi adicción es ver la televisión, a pesar de saber que es una pérdida de tiempo y que es malo para la vista. Pero esos ejemplos son muy burdos y estas obsesiones –estos acontecimientos mentales– no proceden de nuestras vidas anteriores: ¡mis malos hábitos no se crearon como consecuencia de ver la televisión en mis vidas pasadas!

Por ejemplo, ¿por qué un alcohólico sigue bebiendo aunque intelectualmente entiende que beber arruina su vida y destruye su cuerpo? Hay algo, algún factor mental, que le empuja a seguir bebiendo. Tal vez, si el entendimiento intelectual de esta persona penetrara de manera profunda y significativa, podría desarrollar la determinación para llevar a cabo algún cambio drástico. Lo mismo sucede con el samsara en general: sólo cuando nos damos cuenta de los defectos de la felicidad contaminada en nuestras propias carnes podemos desarrollar el deseo de tratar de completar la liberación.

Toda acción de cuerpo, de lenguaje o de mente deja una impresión en nuestra corriente mental y tiene la capacidad de crear un hábito. Los pequeños hábitos se desarrollan hasta convertirse en grandes hábitos: beber socialmente puede conducir al alcoholismo, despreciar a los seres vivos pequeños como los insectos puede conducir al abuso e incluso al homicidio. Estas cosas son consecuencia de no poder comprender el nivel burdo de la ley de causa y efecto. Cuando una persona se ha convertido en un alcohólico, es muy difícil romper la adicción. Por tanto, las tendencias habituales deben detectarse y afrontarse lo antes posible.

En este momento es probable que no sintamos una ira intensa ni ningún prejuicio racial, pero no significa que estemos completamente libres de los problemas que hemos clasificado bajo el encabezamiento de la *ignorancia de la relación burda de la ley de causa y efecto*. Tal vez, nuestra vida nos parece ahora muy hermosa: no nos sentimos deprimidos, tenemos un nuevo empleo y mucho dinero en el banco. Sin embargo, mientras mantengamos esta ignorancia fundamental (primera zona), tenemos la capacidad de desarrollar la preocupación egoísta (segunda zona). Una vez que tenemos una preocupación egoísta es muy sencillo experimentar la decepción, la ira y la frustración que conducirá a la depresión. Es una postura sabia no mostrarse complaciente: debemos analizar los estados mentales que experimentamos y tratar de encontrar sus causas.

Un elemento importante que emerge de este tipo de análisis es el entendimiento que nuestros estados mentales *no* están producidos principalmente por las condiciones externas. Podríamos sentirnos desesperanzados ante el hecho de que nuestra vida sea un caos o podemos sentir mucha angustia por la muerte de un ser querido, pero esos acontecimientos externos sólo son una serie de condiciones que han desatado nuestro estado mental. La causa principal es interna.

En nuestra vida, constantemente interpretamos mal la realidad: nos tomamos en serio todo lo que la sociedad considera que es importante y eso nos lleva a sentir que no hemos conseguido suficientes cosas o que lo que tenemos no es lo bastante bueno. Nos volvemos celosos o competitivos con facilidad. En seguida nos vemos atrapados en este tipo de círculo vicioso. Miremos a nuestro alrededor y fijémonos en todas esas personas que están obsesionadas con el estatus y las posesiones: una casa grande, un coche caro. La salud también es importante, pero muchas personas actualmente se gastan enormes sumas de dinero para ejercitarse en costosos gimnasios. Cuando malinterpretamos la realidad, es muy fácil sentirse obsesionados. Y entonces, cuando nuestra obsesión hace que nos sintamos abatidos, algo que sucederá tarde o temprano, experimentamos ira y depresión.

4. AFRONTAR LAS EMOCIONES NEGATIVAS

Cuando afrontamos los factores mentales conflictivos que nos producen sufrimiento, podemos encontrarnos con un vacío igualmente insuperable entre la teoría y la práctica, especialmente con las emociones abrumadoras como la ira o la depresión. Podríamos ver la sabiduría si buscáramos profundamente dentro de nuestra mente la respuesta a nuestros problemas, pero también podríamos sentirnos completamente abrumados por la emoción negativa. Entonces podemos pensar: "Lo que realmente debo afrontar es la ira que siento *ahora* hacia *esta* persona". De hecho, ése es el estado mental con el que deberíamos comenzar. Ya que, en última instancia, sólo nuestros recursos internos –nuestro amor, nuestra paciencia, nuestra tolerancia y nuestro entendimiento– nos sacará de nuestro estado mental negativo y nos proporcionará una felicidad profunda y duradera.

Podemos comenzar por examinar cualquier emoción aflictiva que nos esté dominando en este preciso instante y verla tal y como es. Utilizaré la ira como principal ejemplo, ya que es un estado mental negativo muy común y uno de los que más daño produce. Sin embargo, todo lo que voy a explicar a continuación se puede aplicar a cualquier aflicción mental[17].

La ira es una emoción negativa. Es insana y produce multitud de problemas. Por tanto, lo primero que debemos hacer es convencernos a nosotros mismos profundamente de que la ira es algo indeseable, observando los problemas que presenta. Si no estamos firmemente convencidos de que la ira es un problema, no podremos aplicarnos para despojarnos de ella. Para ello, debemos revisar todas las maneras en las que la ira destruye nuestra salud mental, nuestro bienestar físico y nuestro sueño –por un lado– y cómo da lugar a nocivos actos del cuerpo y del lenguaje –por otro lado– poniendo en peligro la seguridad y el bienestar de las personas que nos rodean y proporcionando un sufrimiento intenso en nuestras vidas futuras. Una vez que somos capaces de darnos cuenta de los efectos devastadores de la ira, entonces debemos encontrar la manera de reducirla y de, finalmente, eliminarla.

En realidad, es muy sencillo despojarse de la ira, porque sus efectos negativos son muy evidentes. Las emociones aflictivas que emanan del apego son más insidiosas, porque pueden hacernos creer que nos hacen felices. Por tanto, es crucial realizar un análisis de sus desventajas. Debemos ver con total precisión cómo el ansia, por ejemplo, nos lleva a cometer acciones negativas, perjudicándonos a nosotros mismos y a todos los que nos rodean, e impidiéndonos alcanzar la liberación. Si podemos comprender verdaderamente las desventajas de las aflicciones mentales en un nivel profundo, entonces su abandono resulta relativamente sencillo. Tal y como afirma Lama Zopa, nos parecerán como si fueran papel higiénico usado.

Es importante reconocer que todos los acontecimientos mentales, desde la irritación persistente al odio obsesivo, son impermanentes. Podría parecer que son un aspecto permanente de nuestra psique porque nos llevan acompañando tanto tiempo, pero no tienen nada de eternos. La ira, por ejemplo, puede estar tan arraigada y puede operar a tantos niveles diferentes de nuestra mente que eliminarla nos puede parecer desesperante. Aunque no hay ningún atajo que nos ayude a conseguirlo, existe una ruta definida que conduce a la liberación de nuestros estados mentales negativos, siempre y cuando seamos persistentes y dediquemos el esfuerzo adecuado a la aplicación del método adecuado.

Independientemente del estado mental negativo que tengamos, la clave está en verlo simplemente como una emoción interna. Si hacemos esto, dejamos de concentrarnos en el objeto externo que parece ser el causante de la ira y nos concentramos en el problema interno. En lugar de destruir el objeto de la ira –nuestro "enemigo"– nos concentramos y finalmente eliminamos la mente de la ira. Esa dimensión transformativa es fundamental en el budismo y es lo que le da ventaja sobre muchas otras filosofías. Ya que si un problema se encuentra dentro de nuestra mente, entonces tenemos la capacidad de cambiarlo. No necesitamos acudir a nadie más ni que se produzca ningún cambio externo.

Cuando estamos perdidos en medio de nuestra ira, necesitamos ensanchar la mente. Nos *parece* que es la peor cosa que nos ha sucedido solo porque estamos fundidos a ella. Si damos un paso atrás, podemos ver cómo nos comportamos y darnos cuenta de que nuestra ira guarda más relación con los hábitos de nuestra mente que con la persona o el acontecimiento que ha causado *este* incidente en particular. Nunca podemos evitar que las cosas externas sucedan, pero podemos cambiar nuestro modo de reaccionar ante ellas si miramos más allá de las causas externas –el jefe desconsiderado, el vecino molesto– y examinamos por qué la ira aflora cuando esas circunstancias están presentes.

En el quinto capítulo de la *Guía al Modo de Vida Bodhisatva*, el yogui indio del siglo octavo Shantideva afirma:

> ¿Dónde podría encontrar suficiente cuero
> como para cubrir toda la superficie de la tierra?
> Pero (usar) cuero en las suelas de mis zapatos
> equivale a cubrir la tierra con ella[18].

Por supuesto, es ridículo pensar que podemos evitar todo daño en la tierra si la cubrimos de cuero. Y, sin embargo, esto es exactamente lo que tratamos de hacer con relación a nuestro entorno exterior: manipularlo para encontrar nuestra propia felicidad, lo cual es completamente imposible. Tal y como vemos en el ejemplo de Shantideva, lo único que podemos hacer para proteger nuestros pies es cubrirlos con unos zapatos y lo único que podemos hacer para proteger nuestra felicidad es modificar nuestra mente de tal manera que dejemos de percibir una serie de circunstancias en particular como un problema. Controlar nuestra mente de esta manera es como comprarle un par de zapatos: la protegemos de las espinas afiladas de nuestras condiciones externas.

No hay manera de poder obligar a todos los seres a que sean amigos, ni tampoco podemos exigir que todo el mundo sea amable y generoso. Sin embargo, cuando transformamos nuestra mente, podemos liberarnos de nuestra dependencia a las condiciones externas. Esta libertad, a su vez, nos permite evaluar honestamente las posturas de los demás y la compasión que sentimos hacia ellos emergerá de manera natural. Los veremos como amigos, con independencia de la manera en la que nos traten. Por tanto, si afrontamos la ira y la aversión que sentimos en nuestro interior, nuestros problemas se reducirán y desaparecerán lentamente. Analicemos este proceso un poco más a fondo.

La causa de la ira

Imaginémonos una situación difícil en la que podamos encontrarnos en un futuro cercano, una situación en la que esté implicada una persona que sabe muy bien tocar nuestros puntos débiles. A continuación, imaginémonos la consecuencia más probable: nos sentimos enfadados. Desde la distancia segura de nuestra imaginación, exploremos los efectos de esta ira. No es muy difícil ver que es mucho mejor procurar no perder los nervios y encontrar otras maneras de manejar la situación. Por supuesto, enfrentarnos a una situación problemática en la imaginación es mucho más sencillo que hacerlo en la vida real, pero con la práctica y con el tiempo, nuestra reacción a una situación difícil recurrente puede cambiar y podemos empezar a manejarla de manera virtuosa.

Con la sabiduría y un poco de distancia, podemos ver objetivamente por qué la ira es lo primero que aflora. Eso supone mirar más allá de las condiciones inmediatas que han dado lugar a la causa principal. Tal vez, nuestro hijo adolescente nos ha cogido el coche sin permiso y le ha dado un golpe. ¡En esa situación, es difícil no enfadarse! Pero esa situación no es la *causa* de nuestra ira. Si la verdadera causa de nuestra ira fuera que haya coches que se dan golpes cuando los conducen los adolescentes, estaríamos enfadados en multitud de ocasiones todos los días. El accidente no es la causa de nuestro enfado, sino que es una de las condiciones que lo ha motivado. La primera de ellas es porque se trata de *nuestro* hijo y la situación expone la complejidad de nuestra relación entre padres e hijos. Puede que hayamos observado cómo la conducta de nuestro hijo se ha ido descontrolando cada vez más a lo largo de los últimos meses y pensamos que sus amigos son una mala influencia. Es posible que pensemos en los gastos y en las molestias que nos va a ocasionar la reparación del coche. Puede que nos sintamos conmocionados por las lesiones que podría haberse producido. Todas éstas son condiciones, pero la causa principal es mucho más profunda.

Los textos *Abhidharma* citan tres condiciones que producen una emoción aflictiva:

1. No hemos abandonado las emociones aflictivas.
2. Seguimos aferrados al objeto de nuestra emoción aflictiva.
3. Todavía tenemos emociones distorsionadas.

Como no hemos abandonado las emociones aflictivas, sus semillas siempre están presentes en nuestro interior, listas para germinar. En este estado de vulnerabilidad, nos acercamos demasiado a cualquier condición que haya hecho que aparezcan. Si no nos distanciamos del objeto que nos molesta, no habrá manera de explorar objetivamente las causas. La última condición, la emoción distorsionada, es el simple hecho de que tenemos muy poco control sobre nuestras emociones y superponemos esas distorsiones por encima de la realidad. Cuando estas tres condiciones se juntan, no hay manera de detener la ira, ni los celos, ni cualquier otra emoción aflictiva que esté preparada para emerger en nuestra mente.

Tarde o temprano debemos enfrentarnos sabiamente a cada una de esas tres condiciones. Tal vez en esta etapa resulta imposible afrontar directamente nuestra emoción distorsionada –esa mente negativa está saliendo a la luz independientemente de lo que hagamos– y, por supuesto, la causa principal es demasiado profunda. Por tanto, tal vez necesitamos distanciarnos del objeto que da lugar a la emoción aflictiva –la persona que saca nuestro lado negativo o la sustancia a la que somos adictos. Sin esa distancia, es posible que no tengamos oportunidad de penetrar a través de la cortina de humo emocional y comprender las verdaderas causas de nuestra negatividad.

En última instancia, descubriremos que la causa principal de nuestros problemas no es nuestro jefe, el gobierno, ni nuestra pareja, sino el descontento que está profundamente arraigado en nuestra mente. La ira no es algo externo, algo que esté ahí fuera, sino que es un estado mental interno y, por tanto, deberíamos tratar de encontrar sus causas dentro de nosotros mismos.

Basada en el descontento, que en sí mismo emerge de nuestra confusión fundamental, la ira engendra más confusión. Por esta razón, el budismo afirma que la ira *siempre* es negativa, porque sus resultados a largo plazo siempre son el sufrimiento. Aunque podamos pensar que la ira puede producir satisfacción a corto plazo, en realidad un arranque de ira deja una impresión en nuestra mente que hace que corramos grave peligro. Y, una vez que aparece, eso hace que existan muchas probabilidades de que vuelva a aparecer de nuevo, hasta que se convierta en un hábito. Cuando más nos enfadamos, más habituados estamos al enfado.

Cuando nos enfrentamos a la ira, deberíamos tener en cuenta que la ira que sentimos no es la suma total de nuestra consciencia sino que, en realidad, es sólo una parte de nuestra corriente mental. En efecto, en este momento podría ser dominante y podría parecer que no somos más que nuestra ira, pero ¿ya estaba allí ayer? ¿La misma ira guardará relación con el mismo objeto que estará presente la semana que viene? Si somos sinceros, la respuesta es no. Si separamos nuestro sentido del yo de la emoción transitoria y parcial a la que llamamos ira, veremos las cosas a cierta distancia y podremos enfrentarnos mejor a ella.

La ira y la lógica

En este momento, en lugar de afrontar la causa principal de la ira, muchos de nosotros nos vemos constantemente atrapados en los factores que contribuyen a su aparición. En esta situación, la lógica puede resultar peligrosa. Muchas veces utilizamos la lógica para formular una premisa justificable (pero incorrecta) para nuestra ira, para aferrarnos a ella durante días, para repasar la situación una y otra vez, y para conducirnos a nosotros mismos hacia un verdadero estado de aversión. Con esto, no estoy sugiriendo que las cosas negativas no suceden y que todo no sea más que una proyección. Las personas se comportan con nosotros de manera negativa. Sin embargo, deberíamos desconfiar de las interpretaciones donde todo es blanco o negro. Cada vez que pensamos que tenemos toda la razón y que la otra persona está completamente equivocada, deberíamos ser conscientes de que probablemente ésa es una interpretación tendenciosa.

Aunque debería evitarse la lógica defectuosa que empleamos para justificar nuestra ira, si somos inteligentes, podemos utilizar la lógica como una herramienta que nos permita despojarnos de nuestra emoción negativa. Por una parte, la ira es una emoción que resulta muy difícil de manejar. Por otra, las justificaciones intelectuales que imaginamos son construcciones cognitivas y, como tales, se pueden analizar intelectualmente con total éxito. Si observamos la irracionalidad fundamental que supone culpar a la otra persona, la mente que trata de justificar nuestra ira se disipa. Cuando la ira que nos produce una situación vuelve a aparecer, utilizamos esa misma lógica para contrarrestar nuestra historia habitual. Una y otra vez, utilizamos de manera repetida la lógica adecuada para contrarrestar la lógica de la emoción aflictiva. Privada de su justificación, nuestra ira se irá reduciendo con el tiempo.

Deberíamos ser conscientes del papel que desempeña la justificación intelectual en el desarrollo, en el mantenimiento y en el incremento de la ira. Podemos pensar que la ira no es más que pura emoción, pero la ira también tiene un aspecto cognitivo, una retórica que la mueve. A nivel colectivo, los grupos –incluso naciones enteras– pueden sentir mucho odio sustentado por la argumentación. Los prejuicios raciales y, en su máximo extremo, las limpiezas étnicas, están alimentados por la retórica. En una escala mucho menor, alimentamos nuestra propia ira cuando reproducimos la escena de la discusión una y otra vez, justificándonos a nosotros mismos al pensar que tenemos razón y que los demás están equivocados.

La ira nunca es una pura emoción desprovista de lógica. Nunca se limita a un "te odio", sino que siempre es un "te odio porque…". Interpretamos cada situación a la que nos enfrentamos. Si es posible que se haya producido una interpretación incorrecta, que es lo que sucede cuando estamos verdaderamente irritados, entonces también debería existir la posibilidad de que se produzca una interpretación correcta. No podemos transformar la emoción ciega de la ira, pero podemos trabajar en los conceptos erróneos que la alimentan y justifican. Podemos comenzar a llevar a cabo esta transformación ahora mismo, mientras mantenemos cierta distancia de esa emoción y de las construcciones que la acompañan.

Meditación sobre la ira

Suprimir la ira, o cualquier otra emoción aflictiva, sólo conduce a un estallido posterior en el futuro. Debemos apaciguarla de tal manera que no vuelva a aparecer de nuevo.

Esto es mejor hacerlo a través de la meditación, cuando nos sentimos relajados y racionales.

Cuando me encontraba en el monasterio no teníamos despertadores. Levantarse tarde estaba mal, no sólo porque teníamos que entrar en el templo cuando las oraciones ya habían empezado sino, lo que era más importante, porque nos perdíamos esa taza de té matutina tan deliciosa. Desde el primer momento nos adiestramos a nosotros mismos para despertarnos a la hora adecuada repitiéndonos la hora una y otra vez. Resulta sorprendente ver cómo podemos habituar nuestra mente a todo. La meditación efectiva es muy poderosa, porque crea un laboratorio ideal para reconectar nuestros procesos mentales.

Sólo nos convencemos de las desventajas que tiene la ira cuando las exploramos una y otra vez. Entonces nuestra actitud comienza a cambiar. Este proceso sólo puede ocurrir dentro del marco de la meditación. Escuchar o leer algo sobre las desventajas que tiene la ira podría convencernos intelectualmente, pero tendrá muy poco efecto en nuestra capacidad para enfrentarnos a ella de manera precisa. Sólo cuando estamos profundamente convencidos de que la ira, y no las fuerzas externas, es nuestro verdadero nuestro enemigo, nos sentimos motivados para hacer que las cosas cambien verdaderamente. Con una convicción verdaderamente firme, resulta sorprendentemente sencillo evitar las manifestaciones exteriores de la ira y, con el tiempo, la ira en sí.

Finalmente, la consciencia de las desventajas que tiene la ira que estamos acumulando en momentos de calma lentamente penetrará en nuestra vida emocional. Las cosas que anteriormente disparaban nuestra ira ahora despiertan nuestra precaución de que la ira podría aparecer y así estaremos en guardia para evitarla. En tibetano decimos: "Construye un dique antes de que llegue el agua". Si sabemos que el río se va desbordar, debemos preparar nuestras defensas de antemano.

Otra manera de meditar sobre la ira es reproducir escenas en las cuales antes nos hemos sentido enfadados, utilizando la distancia y la claridad de una mente relajada y meditativa. Eso no significa reproducir la película y volver a enfadarnos de nuevo. No hacemos esto para convencernos a nosotros mismos de lo injusto que los demás han sido con nosotros. Debemos concentrar nuestra atención en el sufrimiento que la ira nos ha producido. También podemos ponderar cómo podríamos haber manejado la situación si la ira no hubiera guiado a nuestro comportamiento. En el laboratorio de la mente meditativa, debemos realizar varios experimentos y encontrar cuál es lo mejor tanto para nosotros como para los demás.

Al igual que sucede con una adicción, cuando hemos superado una emoción afectiva como la ira, nos daremos cuenta de la destrucción que ha producido en nuestra vida y cómo nos ha esclavizado.

El desarrollo de la ecuanimidad

Un aspecto importante de nuestra mentalidad negativa actual es nuestra ausencia de ecuanimidad. Juzgamos a los demás a todas horas, metiéndolos en nuestra casilla de "amigo" o "enemigo", o simplemente ignorándolos porque no tienen nada que ofrecernos. Todos vemos las cosas desde una perspectiva extraordinariamente estrecha; la vida es demasiado agitada y compleja como para dejar espacio para que metamos todo en ella, y nuestra mente se vuelve selectiva. Tendemos a infravalorar a los demás. No los vemos tal y como realmente son, sino con relación a cómo se relacionan con nosotros y cómo sirven –o frustran– a nuestras necesidades. Por tanto, cuando alguien se interpone en nuestro camino de alguna manera –supongamos que nos interrumpe el paso o nos critica en público– vemos a esa persona como un obstáculo. Atrapados en esa percepción, condenamos a una persona sobre la base de este o aquél rasgo característico *negativo* – el rasgo que les impide ver lo importantes que somos. Por supuesto, ellos no suelen vernos de esa manera.

Si nunca percibimos a los demás más que como simples objetos en el juego de hacer que "yo" sea feliz, entonces siempre tendremos enormes problemas. No es necesario conocer a todas las demás personas para progresar a partir de este punto de vista tan limitado. En el budismo conseguimos esto a través de la ecuanimidad.

Debajo de la superficie, todo el mundo está motivado por un deseo de ser feliz y por evitar el sufrimiento. En este sentido, todos somos iguales. Esta igualdad va mucho más allá del color de la piel, del sexo, de la raza o de la personalidad, llega hasta la verdadera vida interior de los seres. En este nivel más profundo, no existe ningún tipo de diferencia entre cualquiera de nosotros.

Si podemos cultivar este entendimiento de la igualdad básica de todos los seres, entonces podemos comenzar a ver los problemas potenciales de manera más objetiva. La opinión de mi enemigo no sólo es igualmente válida, sino que también sus necesidades y sus derechos también lo son. Me siento enfadado porqué esa persona está bloqueando mi felicidad de alguna manera, pero ¿acaso no sucede lo mismo con él? Y él también tiene exactamente el mismo derecho a disfrutar de la felicidad que yo.

Normalmente no sentimos compasión por las personas que están de vacaciones, ¿verdad? Cuando los demás van a la playa, navegan en un enorme yate o se están bronceando la piel, puede resultar difícil sentir simpatía hacia ellos: de hecho, podemos llegar a sentir mucha envidia de ellos. Esto demuestra que no hemos comprendido que todas las personas, con el tiempo, experimentan el amplio abanico de sufrimiento mental y físico. De hecho, una persona que se encuentra en una playa tropical puede estar sufriendo más en un nivel mental que una persona que se encuentra trabajando en una cadena de montaje.

Sólo con la compasión imparcial que es fruto de la ecuanimidad podemos acabar para siempre con nuestro encasillamiento de "amigo", "enemigo" y "desconocido". Éste es el tipo de mente que debemos tratar de desarrollar.

Ofrecer la victoria a los demás

Podemos llevar esto un poco más lejos. En lugar de limitarnos a observar que los demás tienen el mismo derecho a la felicidad, podemos dar el paso siguiente y dejar de lado nuestra felicidad a favor de la de los demás. En realidad, este método es la única manera de que alguna vez lleguemos a alcanzar la verdadera felicidad.

Imaginemos que alguien nos ha hecho mucho daño sin ninguna razón aparente. ¿Cómo deberíamos manejar esta situación? Normalmente, solemos vengarnos, tratando de encontrar la manera de devolverle el daño. ¿Qué resultado produce esto? Yo sufro todavía más y esa persona también.

Pero quizás soy capaz de darme cuenta de las desventajas que tienen las represalias, así que me contengo. En su lugar, la odio en silencio. Ésa es una mejor solución, pero sigue siendo inadecuada. Tal vez llego a perdonarle, pero todavía no soy capaz de comprenderla. Eso es mejor aún, pero está muy lejos de revertir la situación para hacer que se convierta en una experiencia positiva.

Una técnica budista adecuada consiste en ofrecer la victoria a nuestro enemigo. Esto puede parecer muy poco natural, pero es posible y puede producir resultados sorprendentes. Esta práctica no tiene nada que ver con ser un esclavo. Lo que significa es que, en lugar de tratar de hacer daño a una persona que nos ha perjudicado, hacemos completamente lo contrario y tratamos verdaderamente de ayudar a esa persona. Eso es una victoria, porque se convierte en la causa de la felicidad tanto para nosotros como para ella.

En la *Guía al Modo de Vida Bodhisatva*, Shantideva afirma:

> Los héroes verdaderamente victoriosos son aquéllos
> que, ignorando todos los sufrimientos,
> conquistan a enemigos tales como el odio,
> los guerreros comunes solo conquistan cadáveres[19]

Ésta es una manera sorprendente de mirar las cosas, ¿verdad? En una batalla normal, tenemos que sacrificar muchas cosas y sufrir enormemente para obtener la victoria sobre nuestros enemigos externos. Aquí, Shantideva revela cuáles son nuestros verdaderos enemigos –la ira, la venganza, el revanchismo, etc.– y nos da una serie de instrucciones para destruir esas mentes, no al enemigo exterior. Si somos capaces de dominar esto, podremos ayudar de manera natural tanto a nosotros mismos como a la persona que nos está causando problemas.

Desarrollo de la paciencia

El budismo ofrece dos antídotos principales contra la ira: la paciencia y el amor. Estar bajo la lluvia en una parada de autobús durante horas y odiarlo no se considera tener paciencia. Para practicar la paciencia, además de soportar físicamente una situación difícil, debemos tener una mente contenta.

Nos podríamos preguntar por qué alguien va a soportar *voluntariamente* el sufrimiento. La explicación es muy sencilla: en esta vida, nadie escapa al sufrimiento. Como todos tenemos que soportarlo, ¿qué necesidad hay de agravarlo desarrollando una actitud negativa hacia él? Sentirnos contentos, aunque el autobús todavía no haya llegado, es mejor que enfadarnos por ello. En cualquier caso, vamos a seguir empapados y tenemos que esperar al autobús.

Esto no se debería entender como que deberíamos ser masoquistas, tratando de padecer miserias y haciéndonos sufrir a nosotros mismos, o que consintamos en silencio el sufrimiento cuando éste aparece. Debemos actuar en consecuencia, tratando de que nuestra mente no se enfade por la situación. Shantideva nos da el consejo más sencillo pero eficaz acerca de esto:

> ¿Por qué nos sentimos desdichados por algo
> si se puede remediar?

> ¿Y qué sentido tiene sentirnos desdichados por algo
> si no se puede remediar[20]?

En esta práctica, la vigilancia es vital. Si no sabemos que estamos sufriendo, no tendremos deseo de cambiarlo; y si no sabemos cuáles son las raíces de ese sufrimiento, no habrá posibilidad de cambiarlo. Esto nos lleva de nuevo al tema de la correcta interpretación de los acontecimientos. Obviamente, si no podemos hacer nada para que el autobús no llegue tarde, debemos soportarlo y esperar.

Por supuesto, esta práctica es más difícil cuando la situación es más dramática: por ejemplo, si una persona es deliberadamente maliciosa. Supongamos que una persona está arrasando nuestra propiedad o nos está insultando por la espalda. Podemos interpretar la situación de diversas maneras. Podemos pensar que esta persona me odia, que me hace daño deliberadamente y que ésa es completamente su elección: la situación está completamente bajo su control. Así es como la mente de la ira normalmente interpreta una situación de este tipo. Para la mente de la ira, nunca existe una justificación para los actos de "los demás" y siempre hay muchas justificaciones para los "míos".

Sin embargo, aquí tenemos otra opción. Podemos pensar: "Estoy actuando de manera no virtuosa porque estoy dominado por la ira. A lo mejor a la otra persona la está sucediendo lo mismo. Tal vez está siendo dominada por las emociones y está sufriendo tanto como yo. Y además, tal vez he contribuido a que se produzca esa situación de alguna manera y soy al menos parcialmente responsable de ello. Si realmente fuera tan perfecto como me dice mi ego herido, entonces no habría forma de que esa persona pudiera molestarme tanto. Por tanto, a lo mejor debo fijarme exactamente en por qué me siento tan molesto desde el punto de vista de mis propios defectos en lugar de fijarme en los suyos". Llevar a cabo un proceso de pensamiento siguiendo esta línea puede ayudarnos a acabar con la ira en nuestra mente.

Si vemos cómo una persona gravemente inestable se hiere a sí misma, en seguida admitimos que está fuera de control y que no se da cuenta de lo que está haciendo. Éste es un ejemplo muy extremo, pero en realidad, en la vida diaria, ninguno de nosotros somos totalmente conscientes de lo que estamos haciendo. De igual manera que nos domina la ira irracional y el deseo de vengarnos cuando alguien nos hace daño, la persona que nos hace daño también está dominada por unas fuerzas que se escapan de su control. Es el instrumento de sus emociones turbadoras, del mismo modo que lo somos nosotros cuando nos sentimos irritados.

Cuando pensamos de esta manera, podemos llenar el vacío que existe entre una situación dada y nuestra mente. En ese vacío, es de donde germinará la paciencia. Shantideva utiliza la analogía de ser golpeado con una vara para ilustrar la naturaleza dependiente de todos nuestros actos:

> Si me siento enfadado con el perpetrador
> aunque quien de verdad me está haciendo daño es la vara,
> entonces como el perpetrador también es un elemento
> secundario que a su vez está incitado por el odio,
> debería sentirme enfadado sólo con su odio.[21]

Enfadarse con la vara es algo ilógico, pero si lo analizamos, también lo es enfadarse con la persona, quien, dominada por sus emociones negativas, es un instrumento tan pasivo como la vara. Si observamos cómo ambas partes en la discusión están igualmente fuera de sus casillas, podemos sentir empatía por nuestro adversario. Ése es el comienzo de la paciencia.

Si llevamos esto un poco más lejos, podemos decir que la transformación realmente ha comenzado, y empezamos activamente a aprender a soportar el sufrimiento de manera voluntaria. Si analizamos realmente la situación, descubriremos que no es completamente negativa. No importa lo negativas que sean las cosas, ya que siempre podemos aprender algo de ellas. Lo que aprendemos es la paciencia que, desde una perspectiva budista, es una de las cualidades más importantes que podemos desarrollar. Por tanto, esta experiencia negativa, si se utiliza adecuadamente, verdaderamente puede enriquecer y ennoblecer nuestra vida.

¿Cuántas personas han admitido haber madurado enormemente tras haber padecido alguna experiencia negativa? En el budismo decimos que nuestros amigos no nos ayudan a madurar, porque tratan de complacer a nuestro sentido del yo, mientras que un enemigo desafía a nuestro sentido del yo y, por tanto, es capaz de mostrarnos nuestras propias debilidades. De esa manera, nuestro peor enemigo es nuestro mejor amigo, siempre y cuando seamos capaces de ver las cosas de esta manera.

Si percibimos que una experiencia difícil es algo positivo, resultará menos dolorosa, y habrá menos sufrimiento. Siempre me sorprendo cuando observo la maratón de Londres. Todos esos miles de personas sometiéndose a ese sufrimiento… ¡voluntariamente! Son capaces de sentir que está ocurriendo algo positivo y, por tanto, se someten a todo ese dolor con alegría. Para mí, sería un completo calvario. Pero las situaciones difíciles sólo son negativas si dejamos que se conviertan en problemas.

Desarrollo del amor

Lo contrario del odio es el amor y el amor es el mejor antídoto contra la ira. Nuestra ira sólo puede dirigirse hacia uno de estos tres objetos: hacia nosotros mismos, hacia los demás seres o hacia objetos inanimados como las cosas, los acontecimientos y las ideas. Además de las grandes ideologías, que pueden ser objeto de intenso odio, normalmente resulta bastante sencillo tratar nuestros sentimientos con relación a los objetos, porque no existe una interacción emocional con ellos. Aunque tal vez debería excluir a los ordenadores de esa categoría. Sin embargo, por lo general, nuestras mayores dificultades las tenemos con los seres vivos, con nosotros mismos o con los demás.

Comencemos por nosotros mismos. Para meditar sobre cómo darnos amor a nosotros mismos, en primer lugar debemos reconocer que no somos felices. Tanto si eso se debe a una infancia llena de privaciones, como si se debe a una ambición frustrada o a que tenemos problemas en nuestras relaciones, somos muy duros con nosotros mismos y carecemos de algo que verdaderamente deseamos: amor. Y, por tanto, en la meditación, reconocemos esto y sin darle demasiadas vueltas a las causas, imaginamos que en nuestro corazón hay una luz blanca y brillante que se expande y llena todo nuestro ser de luz y de amor. Si hacemos esto, podremos aligerar poco a poco la carga de nuestra angustia y dejar espacio para explorar las razones por las que nos sentimos vacíos o enfadados, así como los métodos para poder superarlo.

Sucede exactamente el mismo proceso cuando queremos sentir amor hacia los demás. Tanto si se trata de una persona que nos ha planteado dificultades, un desconocido que sabemos que está verdaderamente sufriendo, como si se trata de un grupo de amigos, el proceso consiste en reconocer que están sufriendo y entonces, con todo nuestro corazón, desearles una felicidad sincera y duradera. Imaginemos lo liberador que sería si pudiéramos desear genuinamente a nuestro peor enemigo que tenga mucha felicidad. Esa carga oscura y pesada en nuestro corazón se aliviaría inmediatamente. Por tanto, del mismo modo, imaginemos que una luz blanca e intensa se encuentra en nuestro corazón, sólo que esta vez se proyecta hacia fuera como un rayo láser y penetra en la persona o en las personas sobre las que estamos meditando y la llena de luz blanca, dando lugar a su felicidad.

El amor, según el budismo, consiste en desear que alguien sea feliz. No es más que eso. No tiene nada que ver con el apego ni con la codicia; es una emoción sencilla y hermosa.

La compasión es la otra cara de la moneda. Todo el mundo desea disfrutar de la felicidad y evitar el sufrimiento, así que el amor consiste en desearles felicidad y la compasión en desearles que se liberen del sufrimiento. En el caso de la compasión, no debemos concentrarnos en la felicidad que deseamos para nosotros mismos o para los demás, sino en el sufrimiento que nos llena a nosotros y a los demás en el momento presente. En esta meditación somos conscientes de ese sufrimiento y entonces aspiramos sinceramente a eliminarlo. Aparte de eso, la meditación es lo mismo: una luz blanca intensa llenando a la persona (o a nuestro propio cuerpo, si nos concentramos en nosotros mismos) y eliminando hasta el último átomo de sufrimiento.

Concentrarnos en la persona que hace que nos enfademos es una meditación maravillosa. Imaginemos todas las buenas cualidades que esa persona tiene en potencia e imaginemos mientras las llenamos con esa luz blanca que esas cualidades se actualizan. Algunas veces puede resultar emocionalmente doloroso hacer esto con un enemigo, pero es doloroso en un sentido positivo.

No hay ningún truco de magia para despojarnos de las emociones negativas. Debemos enfrentarnos a ellas y superarlas a través de un verdadero análisis, una meditación interna y con grandes dosis de paciencia, ya que es un proceso lento. Si nos damos cuenta de la naturaleza destructiva de las emociones negativas, como la ira, y si comprendemos que sus causas siempre permanecen latentes en nuestra mente, comenzamos la práctica de la reducción de esas emociones y de su influencia en nuestra vida.

5. FACTORES MENTALES SALUDABLES

Los tres factores mentales positivos fundamentales

De las seis categorías de factores mentales, hemos analizado los omnipresentes, los que determinan el objeto y los factores mentales negativos y hemos mencionado brevemente los factores mentales variables. Eso nos deja con los que queremos desarrollar: los factores mentales saludables o positivos. En la lista tradicional, aparecen once factores mentales saludables, pero los he desarrollado para destacar sus diferentes grados de sutileza. Al igual que sucedía con los factores mentales negativos, los he clasificado en tres zonas.

En el centro de nuestra psique se encuentran tres factores mentales saludables: el desapego, el no odio y la no ignorancia. Estos estados mentales virtuosos principales pertenecen a la zona 1. Existen en la mente como fuerzas potenciales y subterráneas. Sólo se manifiestan directamente cuando les despojamos de las diferentes capas de mentes cada vez más sutiles con el fin de sacarlos a la luz.

Tal y como sucedía con los factores mentales negativos, debemos ocuparnos primero de los menos sutiles que se encuentran en la zona 3 aunque aquí, por supuesto, tratamos de desarrollar las mentes positivas en lugar de eliminar las negativas. Por ejemplo, antes de poder desarrollar compasión, debemos tener cierto grado de ecuanimidad y de atención. Aunque los factores mentales positivos de la tercera zona pueden contrarrestar a los factores mentales negativos de la tercera zona, no pueden contrapesar eficazmente los factores mentales negativos que están más profundamente arraigados. Por ejemplo, la cordialidad o un estado mental calmado no son verdaderos antídotos de las actitudes ególatras.

FACTORES MENTALES SALUDABLES	
Factores mentales	Aspecto del noble óctuplo sendero
TERCERA ZONA	
• Confianza • Optimismo • Alegría • Ecuanimidad • Cordialidad • Tranquilidad • Atención • Entendimiento correcto de la ley de causa y efecto	• Recto esfuerzo • Recta acción • Recto lenguaje • Rectos medios de vida
SEGUNDA ZONA	
• Bondad • Compasión • Altruismo • Permanencia apacible • Consciencia plena del cuerpo, del lenguaje y de la mente • Aplicación constante a objetivos a largo plazo	• Recta atención • Recta concentración
PRIMERA ZONA	
• Desapego • No odio • No ignorancia	• Recto pensamiento • Recto entendimiento

El desapego, el primer factor mental saludable de la zona 1, es lo contrario del apego. Mientras que el apego exagera las cualidades de un objeto, el desapego observa cómo las condiciones externas son fuentes de placer que no resultan fiables. Supongamos que poseemos un hermoso objeto, una antigüedad. A través del examen de sus partes y de su impermanencia, podemos llegar a entender su naturaleza. Cuando analizamos dicho objeto, las personas materialistas se concentran en lo caro que es o en cuánto los admiran los demás. A través de la investigación, podemos llegar a ver la otra cara de ese objeto –que, independientemente de lo hermoso o de lo valioso que sea, puede producir sufrimiento. Cuando somos capaces de entender esto, estamos plantando las semillas del desapego en lo más profundo de nuestro ser.

Todo objeto que nos proporciona placer también puede proporcionarnos sufrimiento y ansiedad. Cuanto más valoramos un objeto, más nos preocupamos de que no se rompa o de que no nos lo roben. Ésa es la naturaleza de nuestra mente y de nuestra relación con los objetos.

Es posible desarrollar el desapego incluso hacia nuestro propio cuerpo. Eso no significa que descuidemos nuestro cuerpo o nuestra salud. Pero, a través del examen de la naturaleza de nuestro cuerpo, y comprendiendo que está compuesto simplemente de carne, huesos, piel, órganos, etc., el desapego se desarrolla de manera natural.

La naturaleza del cuerpo también está en cambio continuo. Tengo una fotografía donde aparezco en el internado cuando tenía nueve años. Mis manos eran muy pequeñas, pero ahora son muy grandes; y mi piel era muy suave, pero ahora está muy arrugada. Ahora tengo arrugas y el pelo canoso. Estos cambios son evidentes, pero incluso a un nivel sutil, mi cuerpo está sometido a un cambio continuo. Aunque mi cuerpo no me esté proporcionando excesivo sufrimiento en este momento, ese potencial está ahí. Si lo examinamos desde este punto de vista, tendremos un entendimiento de la naturaleza de las cosas, y el desapego se desarrollará de manera natural.

El desapego también se llama separación, pero creo que este término puede dar lugar a equívocos, ya que sugiere una forma moderada de aversión que no existe en este caso. El desapego consiste simplemente en conocer la naturaleza del objeto y, como consecuencia de ello, en no seguir nuestro apego normal con relación a él. El desapego no es un estado de no sentimiento. Es un estado mental en pleno funcionamiento que no se aferra, no se apega, ni desea más.

De la misma manera, el *no odio* es una de las cualidades esenciales de nuestra mente. Cuando decimos que nuestra mente está libre de todo odio, existe una completa ausencia de discriminación (ver a algunos seres sintientes como amigos, a otros como enemigos y a otros como desconocidos). Este factor mental está dotado de la cualidad de amarnos a nosotros mismos y a los demás, sin ningún tipo de parcialidad. Es capaz de comprender el sufrimiento de los demás seres, así como su felicidad genuina. El no odio es la principal cualidad de la mente que podemos poseer. Sólo experimentaremos una verdadera paz mental cuando desarrollemos el no odio.

La *no ignorancia* es un sinónimo de sabiduría. Se refiere a la liberación de la confusión fundamental que funciona en el nivel de la mente más profundo y sutil. La no ignorancia, al igual que los demás factores mentales virtuosos principales, no es pasiva, sino que está dotada de una sabiduría y de un entendimiento claro y activo.

En este contexto, la *sabiduría* se refiere al entendimiento de cómo las cosas y los acontecimientos verdaderamente existen. Comenzando por un entendimiento conceptual y, a continuación, desarrollando una serie de cualidades como la concentración en un solo punto y la compasión, la mente puede dirigirse hacia un conocimiento directo de la verdadera naturaleza de todos los fenómenos. Sólo entonces se podrá eliminar la confusión y la ignorancia más fundamentales.

Los tradicionales once factores mentales positivos

Aunque estos tres factores mentales principales son la esencia de la mente positiva, hay otros estados mentales virtuosos que se consideran como vitales. Tradicionalmente, los expertos budistas señalan once factores mentales positivos principales.

1. el desapego
2. el no odio
3. la no ignorancia
4. la fe
5. el respeto hacia uno mismo
6. la consideración hacia los demás
7. el entusiasmo
8. la flexibilidad
9. la rectitud
10. la ecuanimidad
11. la no violencia

Resulta sencillo comprender lo importantes que son todos ellos. Tomemos, por ejemplo, la fe. La *fe* en el budismo no se refiere a la fe ciega, sino a la fe que es fruto de la observación y de la reflexión. Las enseñanzas de Buda incluyen cosas que son demasiado sutiles como para que las podamos comprender completamente en este momento, como el funcionamiento más intrincado del karma. Pero como podemos probar la verdad lógica de lo que dice Buda acerca de las cosas que *podemos* verificar, como la impermanencia momentánea, podemos llegar a convencernos de que las enseñanzas más sutiles también son correctas.

El *respeto hacia uno mismo* y la *consideración hacia los demás* son dos caras de la misma moneda y ambas son cruciales para nuestro desarrollo. Son similares en el sentido de que nos inspiran a refrenarnos de las acciones que puedan resultar perniciosas –hacia nosotros mismos en el caso del respeto a uno mismo, y hacia los demás en el caso de la consideración a los demás. ¿Cómo podemos desarrollar nuestra mente si estamos dominados por la baja autoestima, que es una actitud tan poco realista y ególatra como la arrogancia? ¿Y cómo podemos ayudar a los demás si no tenemos consideración hacia sus opiniones o hacia su bienestar?

A modo de ayuda para el desarrollo espiritual, necesitamos incrementar nuestra capacidad mental a través de la meditación. En concreto, debemos cultivar la ecuanimidad, la rectitud y la flexibilidad. La *ecuanimidad* en este caso se refiere a una mente estable, libre de excitación o de espesor mental. El otro tipo de ecuanimidad de la que a menudo hablamos –considerar a todos los seres como iguales en su derecho a gozar de felicidad y a evitar el sufrimiento– es igualmente importante. La *rectitud* y la flexibilidad son cruciales para tener claridad. La rectitud está relacionada con la perseverancia alegre, la energía que nos permite llevar a cabo un trabajo difícil (y algunas veces aparentemente desagradecido) para ayudar a los demás, y una de las seis perfecciones del bodhisatva. La *flexibilidad* en este contexto no se refiere a la flexibilidad del cuerpo, sino a la de la mente, lo que significa que es una flexibilidad que permite a la mente superar los obstáculos para la meditación y la acción positiva. En este momento queremos practicar, pero debemos enfrentarnos a una serie de obstáculos: la mente se siente tensa o agitada, o leemos un pasaje una docena de veces y seguimos sin poder comprenderlo. Esta rigidez, que emerge de los hábitos negativos del pasado, se supera por medio de la flexibilidad.

La última mente, la *no violencia*, es un tema que ha sido objeto de muchos debates en estos días, donde algunas figuras como Gandhi y Su Santidad el Dalai Lama demuestran a través de su propio ejemplo que esta práctica es el único camino para evitar los conflictos que habitualmente consideramos que son inevitables. Sin embargo, la no violencia se puede aplicar a todos los niveles; no deberíamos considerarla como algo simplemente físico. También debemos evitar la violencia mental –el deseo de hacer daño a los demás– y la violencia verbal, haciendo daño a los demás a través de nuestras palabras. El gran Maestro budista contemporáneo Thich Nhat Hanh, afirma que incluso beber una taza de té sin consciencia es un acto de violencia. Gueshe Rabten equipara la no violencia a la compasión y eso es algo igualmente válido[22].

La pirámide de los tres adiestramientos

El desarrollo de los factores mentales saludables requiere la completa transformación de nuestros estados mentales negativos actuales. En su enseñanza sobre las cuatro verdades nobles, Buda presenta el proyecto que nos permite conseguir esto, el noble óctuplo sendero, que en sí mismo abarca a los tres adiestramientos de ética, concentración y sabiduría.

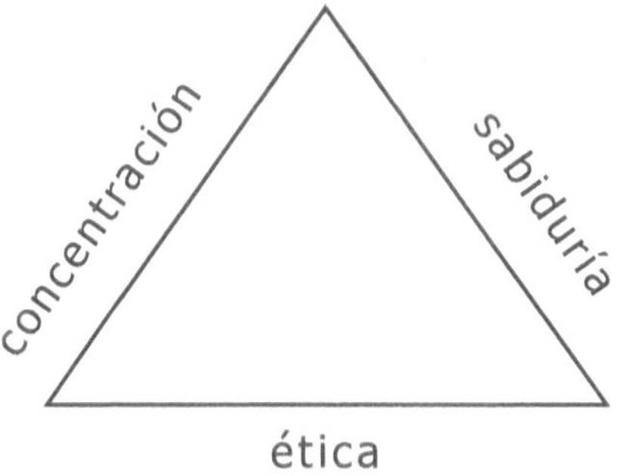

Aunque tradicionalmente se ilustran a través de la rueda del Dharma, los tres adiestramientos también se pueden representar como una pirámide. La base de la pirámide es la ética, sobre la cual se apoyan los dos lados de la pirámide —un lado es la meditación o la concentración y el otro es el conocimiento o la sabiduría. La meditación y la sabiduría sólo pueden estar apoyadas sobre la base de la ética. En realidad, los tres son mutuamente dependientes. Sin la meditación, la sabiduría está seca y es intelectual y la ética es rígida y carece de vida: sin la sabiduría, la meditación progresa lentamente y la ética se aplica con torpeza. No hace falta tener el entendimiento directo del vacío para que beneficie nuestra práctica. Basta con recordarnos a nosotros mismos que todo es mutable e interdependiente para poder enriquecer la meditación e incrementar la motivación con el fin de poder actuar de una manera ética.

¿De qué estamos hablando cuando nos referimos a la ética? Una de las características de la ética es las normas de disciplina para los distintos niveles de enseñanza budista. Sin embargo, en este contexto, estamos hablando de ética en términos de la moralidad racional –preocupándonos de nuestros semejantes y renunciando al daño– que es la característica de todas las sociedades y religiones. El budismo tiene muchas maneras de enumerar esas acciones que debemos adoptar y las que debemos evitar, pero todas ellas se reducen a beneficiar a los demás y a renunciar a hacer daño a los demás.

El segundo de los tres adiestramientos, la concentración, es crucial para llevar una vida saludable. La concentración no sólo enfoca la mente para ayudarla a penetrar en los puntos de vista más profundos de la realidad, sino que también da lugar al placer físico y hace que nuestra mente esté más equilibrada emocionalmente. Muchas de las personas que vienen al centro de Dharma de Londres están apartándose lentamente del ritmo frenético que impone las demandas de la vida en la ciudad y creando el espacio necesario para seguir un camino espiritual. Separarse del torbellino es el primer paso para desarrollar una mente más concentrada y sienta la base para un futuro adiestramiento en los estados más refinados, como el desarrollo de la permanencia apacible (en sánscrito, *shamata* y en tibetano, *shinê*), una estabilidad mental profunda que se puede mantener sin esfuerzo durante largos periodos de tiempo.

Una vez más, el tercer adiestramiento, la sabiduría, no es necesario que se desarrolle a través del estudio budista formal. Las personas que poseen un entendimiento perfectamente desarrollado de otras disciplinas técnicas muchas veces aceptan con facilidad las explicaciones precisas del vacío que se recogen en los textos. Disfrutar de una buena reserva de sabiduría práctica –el entendimiento de la conducta adecuada y de cómo funciona el mundo– también puede hacernos llegar muy lejos. Los niveles de sabiduría más profundos y sutiles, como el entendimiento de la ausencia de autoexistencia y la comprensión del vacío, se construirán sobre esa base.

LOS FACTORES MENTALES POSITIVOS EN LA SEGUNDA ZONA

El noble óctuplo sendero en las tres zonas

Se trata de factores mentales menos sutiles que los tres factores saludables raíz o principales, pero todavía resultan demasiado sutiles como para que se puedan percibir, se pueden colocar en la segunda zona de sutileza creciente. Estos factores son: el amor bondadoso, la compasión, el altruismo, la atención constante, la aplicación constante para conseguir objetivos a largo plazo y el desarrollo de la permanencia apacible.

El desapego, el no odio y la no ignorancia todavía se encuentran muy lejos. Son las cualidades que saldrán a la luz cuando hayamos eliminado todos los estados mentales no saludables que actualmente nublan nuestra mente. Para ello, Buda explicó el camino que cada uno de nosotros debemos tomar, el noble óctuplo sendero. Los aspectos de este camino están relacionados con acciones físicas o verbales –recto esfuerzo, recto lenguaje, recta acción y rectos medios de vida– son antídotos contra los factores mentales no saludables que se encuentran en la tercera zona. Los factores mentales que están relacionados con los otros cuatro aspectos pertenecen a las zonas más sutiles 1 y 2. Podemos colocar la recta atención y la recta concentración en la zona 2 y el recto entendimiento y el recto pensamiento –los aspectos más sutiles del camino– en la zona 1.

Con el recto esfuerzo, el recto lenguaje, la recta acción y los rectos medios de vida, estamos tratando de evitar las acciones no virtuosas y de realizar las virtuosas. Con la recta atención y la recta concentración, que pertenecen a la segunda zona, nuestro adiestramiento mental va más allá de evitar realizar acciones perniciosas ya que trata de controlar verdaderamente la mente. La *atención*, en este contexto, significa ser conscientes de la naturaleza de la impermanencia y de que todas las cosas contaminadas –incluyendo nuestro cuerpo y nuestra existencia– producirán sufrimiento de manera natural.

La recta concentración es más que la simple liberación de la distracción y del espesor mental burdos. Esta concentración puede dirigirse fácilmente allá hacia donde la llevemos, con claridad y estabilidad. Esto es una base fundamental para el desarrollo de la compasión y del altruismo (que son factores mentales de la segunda zona) y de la comprensión del vacío (que se encuentra en la primera zona).

La mente para el desarrollo de la permanencia apacible que se encuentra en la segunda zona se define como una mente que está totalmente libre del espesor mental sutil. Incluso cuando aprendemos a concentrar la mente, todavía podemos experimentar cierta laxitud y espesor, lo cual significa que todavía no hemos alcanzado un desarrollo pleno de la tranquilidad. La permanencia apacible posee gran claridad e intensidad.

Cuando estamos más plenamente desarrollados, estos factores mentales nos conducirán al desarrollo de los estados mentales de la primera zona: el desapego, el no odio y la no ignorancia. La primera zona se corresponde con los últimos dos aspectos del noble óctuplo sendero, el recto entendimiento y el recto pensamiento. El recto entendimiento consiste en comprender la realidad, que desde una perspectiva budista, es el vacío. El recto pensamiento es la otra faceta del camino, la compasión y el amor.

La compasión y la confianza en uno mismo

El amor bondadoso, el altruismo y la compasión son importantes en la segunda zona, porque la correspondiente segunda zona del factor mental *no saludable*, el egocentrismo o la preocupación por uno mismo, es una de las principales aflicciones mentales. La mente egocentrista y egoísta está impulsada y creada por la ignorancia de la relación de la ley de causa y efecto. Los mejores antídotos para esta mentalidad, que asume que nuestro propio bienestar siempre es más importante que el de los demás, son las mentes del amor, del altruismo y de la compasión.

Necesitamos distinguir aquí entre la mente egocentrista y la mente que confía en sí misma. El budismo afirma que la mente egocentrista es una mente equivocada, pero esto no tiene nada que ver con tener confianza en uno mismo. Sin confianza en nuestras acciones, como por ejemplo en nuestra práctica, seremos incapaces de alcanzar lo que queremos conseguir, tanto si se trata simplemente de la paz como si pretendemos alcanzar la completa Iluminación.

Del mismo modo, cuando los textos tradicionales budistas afirman que la fuente de todo sufrimiento y de todos los problemas es el egocentrismo, no están defendiendo la negación de uno mismo. Buda afirma en su primer discurso: "Los dos extremos se deberían abandonar". Uno de esos extremos es la negación de uno mismo.

Si no nos ocupamos de nuestros asuntos, es imposible comprender lo que está sucediendo a los demás. Buda afirma: "Aquél que se ama a sí mismo, nunca perjudicará a los demás". Aquéllos que conocen exactamente las causas del dolor o de la felicidad por sí mismos –no intelectualmente, sino desde el corazón– comprenderán que lo mismo sucede con los demás. El amor por uno mismo y por los demás es un amor profundo, que requiere mucha sabiduría y perspicacia. En sánscrito, la palabra que se emplea para este tipo de amor es *maitri*; en pali, es *metta*.

LOS FACTORES MENTALES POSITIVOS EN LA TERCERA ZONA

Para alcanzar la Iluminación, necesitamos la comprensión directa del vacío y de la bodhichita, y para lograrlo necesitamos la compasión, el amor y la concentración. Todo esto podría parecernos demasiado sutil por ahora, pero existen una serie de factores mentales que somos completamente capaces de desarrollar. Éstos son los factores mentales de la tercera zona. Los que he incluido en el gráfico de la página 106 son: la atención, la tranquilidad, la ecuanimidad, la cordialidad, la alegría, la confianza y el optimismo, así como un correcto entendimiento de la ley de causa y efecto. Por supuesto, esta clasificación no es definitiva, y estoy seguro de que podemos añadir muchas más cualidades positivas a la lista.

Algunas de las cualidades positivas de la mente que se encuentran en la tercera zona están asociadas a nuestras emociones –como la cordialidad o el optimismo– y otras están asociadas a la cognición –como la ecuanimidad o la atención. Un lado desarrolla nuestra salud emocional, mientras que el otro lado nos ayuda a comprender plenamente el funcionamiento de la mente, a mejorar sus cualidades positivas y a reducir los elementos que producen desdicha.

La *cordialidad* no consiste simplemente en esbozar una sonrisa en el rostro para los demás, independientemente de cómo nos sintamos, sino que significa desarrollar un carácter agradable y amistoso en nuestro interior, tanto en la relación con nosotros mismos como con los demás. La cordialidad es una manera eficaz de afrontar los problemas comunes como la soledad o el miedo a perder un ser querido. Crea conexiones fuertes con la sociedad en la que vivimos y proporciona sustento emocional tanto para nosotros mismos como para las personas con las que entramos en contacto. Si el amor es el simple deseo de que los demás sean felices, la cordialidad es la actitud que mostramos hacia los demás que está impulsada por esta mente tan preciosa. El aislamiento social es un enorme problema en estos días. Recientemente he leído un artículo publicado por un psicólogo occidental que explica por qué los problemas de depresión y de soledad aumentan cada día en Occidente. De todos los factores que analiza, el único que me causó gran impresión fue la falta de pertenencia que muchos podemos sentir. En el pasado, los individuos pertenecían a una iglesia en particular, lo cual les proporcionaba una sensación de comunidad. Desafortunadamente, en la actualidad esta sensación de comunidad está disminuyendo rápidamente. La interacción social es muy importante para prevenir la soledad y para hacernos sentir interconectados con nuestro mundo, y la cordialidad ayuda a romper las paredes del aislamiento.

También es crucial tener una mente tranquila. Pensemos por un momento en cómo nuestra mente persigue actualmente los objetos, en cómo nos obsesionamos con las cosas con tanta facilidad, exagerando sus cualidades. La obsesión es lo opuesto de la tranquilidad —es un estado mental de agitación. Cuando el apego y la obsesión están presentes, perdemos nuestro equilibrio mental. La tranquilidad, combinada con la atención, da lugar al capullo que se convertirá en la flor del desarrollo de la tranquilidad.

Desde mi punto de vista, el optimismo es muy útil para tratar con los problemas mentales burdos, como la baja autoestima. Por supuesto, todas nuestras vidas tienen aspectos negativos, pero esto siempre es sólo una perspectiva parcial. Si miramos sinceramente nuestra situación, encontraremos muchos motivos para sentirnos optimistas. Por ejemplo, todos tenemos una oportunidad única y maravillosa de desarrollarnos. La comprensión de este extraordinario potencial nos levantará el ánimo y hará que abandonemos los sentimientos de depresión y baja autoestima. Podemos ver que, incluso entre las personas a las que conocemos personalmente, muchos seres tienen mentes extraordinarias —enorme sabiduría y extraordinaria compasión. Estas personas son seres humanos como nosotros y han desarrollado sus cualidades utilizando un cuerpo parecido al nuestro. Las técnicas que han utilizado pueden ser las mismas que las que estamos estudiando aquí. De igual manera, podemos recordarnos a nosotros mismos que los aspectos negativos de nuestra existencia sólo son una pequeña parte de nuestra vida. Si vemos esto desde su justa perspectiva y recordamos todos los aspectos positivos de nuestra vida, emergerá un extraordinario sentido del optimismo.

La atención, otro factor mental importante de la tercera zona, nos ayuda a desarrollar nuestra meditación y a afrontar los engaños burdos. El resentimiento, la ira y la venganza nunca pueden triunfar si practicamos la atención. El simple hecho de limitarnos a ser conscientes de lo que estamos pensando actúa como un espejo y nos da el espacio necesario para examinar lo que está ocurriendo interiormente.

La plena consciencia, la atención, también es un antídoto contra la mente que se obsesiona con el pasado y con el futuro. Por supuesto, debemos prepararnos para el futuro, y los recuerdos son muy importantes, pero es un tipo de enfermedad aferrarnos constantemente a lo que ha sucedido antes o a lo que podría suceder en el futuro. Los recuerdos del pasado y las ensoñaciones del futuro pueden contaminar nuestra mente, impidiendo que podamos atender sabiamente a lo que se encuentra justo ante nuestros ojos. La plena consciencia en el momento presente también puede tranquilizar nuestras mentes como un modo de prepararnos para la meditación.

Cuando me siento un poco bajo de ánimo, algunas veces pienso en cómo todo está cambiando constantemente, y eso hace que mi ánimo se vuelva a levantar. Me permite ver que si me esfuerzo en algo que me está atormentando, voy a conseguir un resultado. Las cosas van a cambiar, no obstante, porque todo es impermanente, pero además soy capaz de reconocer que tengo la capacidad para hacer que cambien de la manera más adecuada para mí. Este tipo de consciencia me resulta totalmente inspiradora.

Trabajar para conseguir objetivos a largo plazo

Nuestro objetivo es la compasión genuina, por tanto, mientras hacemos un esfuerzo por desarrollar esas mentes de la tercera zona y despojarnos de nuestros problemas más inmediatos, necesitamos tener en cuenta nuestros objetivos a largo plazo. Mantener nuestra motivación elevada y ampliamente focalizada elimina la posibilidad de que nos veamos atrapados en las acciones aparentemente triviales que debemos realizar cada día.

Desarrollar una verdadera compasión necesita su tiempo. Sólo se conseguirá si nos recordamos constantemente a nosotros mismos que, aunque en este momento nos estamos esforzando para desarrollar una serie de cualidades positivas –atención, tranquilidad, un buen carácter, cordialidad– nuestro objetivo a largo plazo es alcanzar la bodhichita.

Desde el primer momento es importante tener una motivación a largo plazo y ser conscientes de que las actitudes positivas que estamos desarrollando ahora forman parte de un plan mucho mayor. No hay una solución que pueda resolver *todos* nuestros problemas de manera inmediata –incluso los aspectos distintos de la mente que ahora estamos desarrollando necesitan un tiempo para que aparezcan todos juntos como las causas de la bodhichita.

La plena consciencia o atención nos muestra la imagen general –lo que está sucediendo en nuestras actividades o en nuestros pensamientos– pero ni la atención ni los demás estados mentales positivos de las tres zonas son los principales antídotos contra los factores mentales no saludables que están profundamente arraigados, como el apego, la ira y los celos. Tanto si se manifiestan ahora en nuestra mente como si sólo están ahí en potencia, estas mentes positivas son las herramientas que nos permiten desarrollar las mentes positivas más profundas de bondad y altruismo.

6. LA EPISTEMOLOGÍA:
LA CONCEPCIÓN Y LA PERCEPCIÓN

LA EPISTEMOLOGÍA EN EL BUDISMO

La epistemología budista es la investigación sistemática de la naturaleza del conocimiento; su alcance, su base y su fiabilidad. Analiza el *alcance* con relación a lo lejos que puede llegar el conocimiento en el entendimiento de la realidad, las mentes *base* de las cuales puede desarrollarse el conocimiento y si el conocimiento puede servir como una fuente *fiable* para que un individuo comprenda completamente la realidad.

La primera persona que enseñó la epistemología budista de manera sistemática y explícita fue el sabio indio Dignaga (450 d. de C.) y después su comentarista Dharmakirti (625 d. de C.) en el *Comentario sobre la percepción válida* (*Pramanavarttika*). Como ya comenté anteriormente, aunque Nagarjuna y su discípulo Aryadeva escribieron una serie de textos sobre epistemología mucho antes, esa tarea no se llevó a cabo de manera estructurada ni extensiva. Por tanto, Dignaga y Dharmakirti se consideran los fundadores de la epistemología y de la lógica budista.

La epistemología en el budismo no es simplemente el estudio del conocimiento por sí mismo, sino que su objetivo es proporcionar al buscador un entendimiento de cómo los seres sintientes pueden superar sus problemas y, finalmente, experimentar la liberación –la cesación del sufrimiento y sus causas principales. Las explicaciones que vierten Dignaga y Dharmakirti sobre la epistemología no sólo son datos empíricos, como los que podríamos encontrar en la ciencia –aunque, por supuesto, gran parte de lo que podemos encontrar dentro de sus explicaciones concuerda con la ciencia occidental. La diferencia entre ellos es la motivación. En el caso de la epistemología budista, este conocimiento se adquiere únicamente para desarrollar el entendimiento que contrarresta y elimina nuestra confusión fundamental.

LA CONCEPCIÓN

El pensamiento budista reconoce dos tipos básicos de experiencia mental: la experiencia en la cual la mente accede directamente a su objeto, y la experiencia en la cual la mente confía en otra mente para acceder a su objeto.

Estos dos estados se corresponden aproximadamente a la *percepción* y a la *concepción*, unos términos que la mayoría de los lectores comprenderán, aunque no siempre de manera precisa, y desde luego no en el contexto del análisis budista. Si pensamos que un concepto es un pensamiento y una percepción es algo más directo, más correcto, entonces nos estaremos acercando pero, incluso entonces, como veremos más adelante, hay muchas más cosas que decir al respecto.

Dharmakirti define la *cognición conceptual* como "una consciencia que capta el objeto indicado por medio de palabras con respecto a la cosa real". Aquí observamos que existe una conexión cercana entre el pensamiento por un lado y el lenguaje y los conceptos por el otro. En la definición, "palabras" se refiere tanto al lenguaje como a los conceptos. El término tibetano que se utiliza para decir "palabra" es *dadun*, que literalmente significa "objeto de concepto". Con esto no se está afirmando que un concepto sea lo mismo que una palabra. Una mente intermediaria ayuda a la mente en general a acceder a su objeto, y eso puede adoptar la forma de una imagen o de una idea, además de una palabra o una etiqueta.

Por ejemplo, pensemos en una mesa en particular, tal vez en la mesa del salón de nuestra casa. Cuando pensamos en la mesa, la imagen de la mesa probablemente aparecerá en la mente. Esa imagen nunca puede ser más que una representación de la mesa. Un pensamiento sobre la mesa no es en realidad la mesa. Entre nuestra consciencia y la mesa real en la que estamos pensando existe la imagen intermediaria de la mesa que hemos evocado.

Sin embargo, el concepto de mesa es mucho más que el simple proceso intermediario que se produce entre la mente y el objeto real; también abarca lo que *queremos decir* cuando decimos "mesa". Nuestra representación subjetiva de una mesa no está conectada directamente con la realidad, porque está construida por el lenguaje y los conceptos. Por tanto, una mente conceptual es ficción y no realidad –está elaborada por nuestras mentes. El concepto es una representación subjetiva de un objeto que relaciona a dicho objeto con otros objetos de la misma clase y es comprendida por la sociedad como un todo. No es la expresión directa del objeto.

Analicémoslo detenidamente. Todos tenemos un concepto común de *mesa*. Representa a un objeto que posee una serie de propiedades que son compartidas por todo tipo de cosas –mesas de madera, mesas de acero, mesas sencillas, mesas decoradas, mesas de café, mesas de comedor– que tienen una serie de partes específicas –patas, tablero, etc.– y que funciona como una mesa. Esto es un concepto mental. El concepto no procede del lado de la mesa, sino que forma parte de nuestra construcción lingüística de *mesa*.

En realidad, no existe una mesa real que comparta todas las propiedades de las demás mesas. Asumimos que hay una cualidad de mesa común, pero esa esencia es ficción. La representación de la mesa en la mente conceptual está separada de la verdadera mesa y, además, esta entidad ficticia, la mesa, que tenemos está superpuesta sobre cualquier mesa individual "real" que estemos investigando. Nuestra experiencia de una mesa es fundamentalmente una proyección, una generalidad abstracta.

Eso no significa que la mesa no exista. El objeto al que llamamos "mesa" que se encuentra delante de nosotros en este mismo instante existe, pero la "mesa" de nuestra mente conceptual sólo existe como una generalidad, porque es una simple construcción conceptual.

Los pensamientos conceptuales se implican con el objeto a través de la eliminación

En la división común de las cosas existentes, los filósofos budistas distinguen dos categorías: impermanentes y permanentes (que están clasificadas desde el lado del objeto) o afirmación y negación (que están clasificadas desde el lado del sujeto –la mente que aprehende el objeto).

Aunque la división anterior es ampliamente más discutida, de alguna manera la última es más importante porque, desde una perspectiva budista, nunca podemos conocer un objeto sin la participación de la mente y, por tanto, sin cierto grado de subjetividad. De ese modo, esta división doble contiene objetos que pueden ser conocidos por la afirmación y otros que pueden ser conocidos a través de la negación. Me gustaría analizarlos a continuación.

La mente conceptual no aprehende su objeto a través de un reconocimiento positivo, sino eliminando todos los demás objetos que no son ese objeto en particular. Por tanto, en la epistemología budista, la consciencia conceptual se construye como algo de naturaleza negativa, ya que emerge de un proceso de eliminación.

Por ejemplo, si yo digo "manzana", la imagen de una manzana aparecerá en su mente. Según el pensamiento budista, emerge a través de la negación sistemática de todas las cosas que son *no manzanas*. Si califico mi concepto diciendo "manzana verde", tu mente refinará la imagen genérica y si digo "Esa enorme manzana que te acabas de comer", se refinará todavía más. Sin embargo, no existe una percepción directa de esa manzana que te acabas de comer. El concepto sigue siendo una eliminación de todos los recuerdos almacenados de lo que *no* es esa manzana y de una construcción genérica de lo que *es* esa manzana.

Este proceso se lleva a cabo a través del uso de una señal lingüística –una palabra o una etiqueta. Eso es más que limitarnos a ver una manzana y asignarle la etiqueta mental de "manzana". El proceso es mucho más sutil que todo eso.

Es virtualmente imposible que las personas ordinarias como nosotros tengamos una percepción directa de un objeto sin estar adornado por un proceso conceptual. Aunque no tengamos un pensamiento discursivo consciente acerca del objeto, utilizamos este proceso mental de clasificación del mismo.

El proceso de negación de la concepción guarda ciertos paralelismos con el modo en el que se lleva a cabo la práctica budista. Por ejemplo, esta página es impermanente, pero nuestras mentes la perciben en el presente como algo permanente, al menos si hablamos de este mismo momento. Debemos eliminar la concepción errónea de que es permanente para poder percibirlo con precisión. En este caso, el concepto de permanencia es el objeto de negación. Eso se asemeja al modo en el que opera la mente conceptual, aunque en este caso, efectuaremos la negación conscientemente. Sin la negación de su permanencia, nunca podremos ver su impermanencia –no sólo como concepto sino también, en un nivel de meditación muy avanzado, como percepción directa.

Clasificamos las cosas constantemente. Clasificamos los objetos diciendo que son hermosos, feos, altos, bajos, etc. Además, nuestras categorías dependen del contexto cultural –por tanto, en una cultura "hermoso" podría equivaler a alto, delgado, rubio, y de ojos azules, mientras que en otras podría equivaler a calvo y gordo.

Estamos constantemente realizando juicios de valor –bueno o malo, justo o injusto, correcto o incorrecto. Observar nuestro diálogo personal instintivo de juicio es un ejercicio muy interesante porque los juicios de valores, comos las categorías, se han eliminado particularmente del objeto que tenemos entre manos y dice más del que lo percibe que del objeto en sí. Si los observamos, podemos aprender muchas cosas de nuestras mentes. Según la epistemología budista, llegamos a nuestros juicios –que son conceptos– por eliminación. Sobre la base de todo nuestro condicionamiento acumulado, decidimos que algo es bueno eliminando todo lo que no es bueno.

Los pensamientos conceptuales siempre están equivocados

La mente conceptual aprehende su objeto a través de la negación y, por tanto, se considera que es una mente equivocada. Aunque es una construcción basada en un proceso lingüístico generalizado que tiene muy poco que ver con el verdadero objeto que está ante nosotros, ése no es el modo en el que lo vemos. Según nuestro punto de vista, el objeto de nuestra consciencia conceptual es verdadero y preciso. Esto es un error.

Mientras siga existiendo una dicotomía entre la *manzana* y la *no manzana*, o entre cualquier otra cosa que la mente conceptual esté captando a través de este proceso de eliminación, no hay manera de superar esta equivocación fundamental. Por tanto, la consciencia conceptual nunca puede reflejar la realidad de manera tan precisa como una consciencia perceptual.

Un pensamiento conceptual es meramente una ficción proyectada sobre un objeto o un acontecimiento y depende de una serie de suposiciones socialmente compartidas. Una mesa no piensa de sí misma que es una mesa —no piensa que es de madera ni que viene de Ikea, o que su función es soportar el peso de un ordenador. Todo esto son suposiciones que adjuntamos al objeto. En realidad, el término *mesa* es un convencionalismo que existe en el mundo de habla hispana. No tiene una realidad basada en el objeto real. Las suposiciones que hacemos de los objetos emergen del proceso social de adquisición del lenguaje y del hábito de etiquetar nuestros estímulos sensoriales de ciertas maneras una y otra vez. Queremos comprar una mesa, planeamos la adquisición en nuestra mente, y sentimos que la mesa que queremos comprar es un mesa real, aunque en realidad la "mesaidad o cualidad de ser mesa" es una ficción creada por la mente conceptual y no se encuentra en ninguna parte.

Nuestra experiencia de los objetos como reales y nuestra aceptación de los términos utilizados habitualmente para tales objetos como algo natural son los dos factores clave para la formación de la mente conceptual. Por encima de la verdadera mesa se encuentra sobreimpuesta esta combinación de recuerdo y generalización construida socialmente que ignora el hecho de que un objeto etiquetado como *mesa* está completamente separado y es diferente de otro objeto etiquetado como *mesa*. En realidad, todos los objetos físicos son únicos e individuales. En el reino de la realidad, este concepto de *mesa* no existe dentro de todas las cosas a las que llamamos mesa, sino que lo superponemos sobre el objeto.

Los pensamientos conceptuales proporcionan un contenido cognitivo

Por muy equivocadas que estén, las consciencias conceptuales son vitales para nuestra vida y para nuestro bienestar. Nos proporcionan la elaboración necesaria para dar sentido a los datos sin procesar de la consciencia sensorial directa. Sólo una mente conceptual puede categorizar los objetos; sólo una mente conceptual puede analizar y discriminar; sólo una mente conceptual puede planificar: en resumen, sólo una mente conceptual puede "pensar". Debido a ello, los pensamientos conceptuales son muy útiles.

Por un lado, siempre son errados, representando equivocadamente el mundo real. Por otro lado, son vitales para la existencia. Nos ayudan a captar las cosas y los acontecimientos no aparentes para nuestra consciencia sensorial, bien por su naturaleza sutil, bien por su localización temporal –que significa que sucedieron en el pasado o todavía están por suceder– o bien por su ubicación física –que significa que pueden producirse demasiado lejos de nuestra consciencia sensorial como para que podamos aprehenderlas. En tales circunstancias, la mente conceptual es el único modo en el que podemos conectar con esas cosas y acontecimientos.

Como ya vimos antes, debemos tratar de percibir objetos como la impermanencia sutil y la ausencia de autoexistencia si queremos experimentar alguna vez la completa cesación del sufrimiento y su origen. Dignaga y Dharmakirti afirman que ese conocimiento sólo puede aparecer a través de las concepciones. En la etapa de desarrollo en la que nos encontramos no podemos percibir directamente la impermanencia sutil y, por tanto, la mente conceptual es la única herramienta que tenemos a nuestra disposición para conectar con esta verdad de alguna manera. Por tanto, es importante ver la conceptualización desde su justa perspectiva. Si bien debemos comprender que los conceptos siempre contienen un elementos de equivocación y no reflejan la realidad de manera precisa, el pensamiento es no obstante crucial para nuestro desarrollo espiritual.

Negación implicativa y no implicativa

Si preguntáramos a un Maestro Guelupa acerca de la negación no implicativa, nos diría que es la cosa más importante que podemos conocer. Es un término muy extraño y, sin embargo, ¡es tan importante! Sin un entendimiento de la negación no implicativa, resulta imposible comprender la realidad última.

La diferencia entre los dos tipos de negación radica en si la negación hace que otra cosa se vea implicada en su lugar. Por eso tenemos los términos *implicativa* y *no implicativa*. Si vamos a la universidad donde tenemos dos opciones, el estudio a tiempo completo y el estudio a tiempo parcial, y le decimos a un amigo que no vamos a elegir el estudio a tiempo parcial, ésa es una declaración negativa. Sin embargo, a través de esta negación, estamos infiriendo una declaración positiva: que vamos a estudiar a tiempo parcial. Por tanto, nuestra declaración es una negación implicativa. Si decimos que no hay miel en la cocina, eso también es una declaración negativa, pero *no* implica nada positivo, como el hecho que haya azúcar o café. Ésa es una negación no implicativa.

Gendun Drug define la negación no implicativa como:

… Aquélla que se realiza a través de una eliminación explícita de un objeto de negación y no sugiere ningún otro fenómeno positivo en lugar de su objeto de negación[23].

En otras palabras, una negación no implicativa elimina cualquier cosa que se necesite eliminar sin implicar que algo exista en su lugar. Afirmar que no juego al fútbol no implica que juegue al tenis.

Esto podría parecernos un poco simple, pero las negaciones no implicativas se convierten en cruciales cuando tratamos de comprender el vacío o la ausencia de autoexistencia. Todos tratamos de entender el vacío (al menos, eso espero). Pero, ¿de qué están vacías las cosas? ¿Cuando nos damos cuenta de que todos los fenómenos están vacíos de existencia inherente, nos damos cuenta al mismo tiempo de que poseen otras cualidades? El conocimiento del vacío no proporciona semejante implicación. No hay nada más allá, ni siquiera algo llamado "vacío". Lo mismo sucede con la ausencia de autoexistencia. La palabra sugiere que es una ausencia de una entidad concreta, pero eso no implica que exista otra cosa.

Meditar sobre el vacío es un proceso largo y profundo. El objeto que estamos tratando de negar al principio está sin procesar, pero lentamente se vuelve cada vez más sutil. Si, al final de nuestro análisis, nos quedamos con algo que sea positivo, el análisis habrá sido erróneo. Nuestra negación debería ser no implicativa. Cuando nuestra mente se da cuenta de la naturaleza última de un objeto –su ausencia de existencia inherente– lo que percibe es una mera ausencia de existencia inherente y absolutamente nada más. Si, cuando se niega la existencia inherente, queda algo –incluso algo profundo, como la comprensión de la relación dependiente– esa mente no tiene un verdadero entendimiento del vacío.

CÓMO GENERALIZA LA MENTE

Las consciencias conceptuales están equivocadas en el sentido de que la mente toma algo genérico y asume que es específico. Superpuesto a la percepción de un libro, por ejemplo, casi siempre se encuentra el concepto *libro*, que nos ayuda a interpretar el objeto pero nos niega el acceso directo a él. Hay cuatro tipos de generalizaciones que realiza la mente acerca de los objetos:

1. la generalidad colectiva
2. la generalidad categórica
3. la generalidad del significado
4. la generalidad del sonido

Obtener una clara perspectiva de esos cuatro puntos puede ayudarnos verdaderamente a ver el proceso a través del cual superponemos y las equivocaciones que nos puede llevar a cometer este proceso. El efecto de estas equivocaciones es enorme. De hecho, la manera en la que reaccionamos social e individualmente a nuestro mundo está dominada por esas primeras tres generalidades.

Una *generalidad colectiva* en realidad es otra manera de denominar a la *densidad del todo*, un tema del que hablaremos en el capítulo siguiente. Sin embargo, en este contexto, nos estamos concentrando en el modo en el que la mente elabora los datos sensoriales originales. La *generalidad colectiva* se refiere a las presunciones que realizamos acerca de lo completo que es un objeto. Por ejemplo, cuando vemos las noticias en la televisión, sólo podemos percibir la parte superior del cuerpo del presentador, pero asumimos la existencia de su cintura y de sus piernas. Ésta es una concepción en lugar de una percepción. Nuestra experiencia nos dice que una persona posee todas esas partes, así que si vemos una parte, asumimos que después vendrán las demás. Eso es algo que casi nunca nos cuestionamos y, en muchos casos, la experiencia no lo contradice. Sin embargo, esta mente equivocada puede perjudicarnos, incluso en un nivel mundano. Una vez, me encontraba ayudando a reformar el Centro Budista Jamyang después de que la comunidad hubiera comprado el edificio y pisé sobre un viejo linóleo que se encontraba en una habitación desierta. Había asumido que el suelo que se encontraba bajo mis pies era sólido, pero lo cierto es que las tarimas estaban podridas –una generalidad colectiva que podría haber hecho que me lesionara gravemente.

Una *generalidad categórica* es una generalización que realiza la mente basándose en la categoría en la que encaja un objeto. Puede ser una afirmación conceptual muy útil, pero también puede resultar muy dañina, como cuando juzgamos a una raza entera basándonos en un estereotipo.

No existen dos objetos idénticos. Aunque tengan la misma forma, color, etc., son dos entidades distintas. Si tenemos dos vasos delante de nosotros, pueden *parecer* idénticos, pero desde luego son dos vasos distintos; están compuestos por átomos diferentes. Sin embargo, a la mente le resultaría imposible funcionar si tuviera que etiquetar nuevamente cada uno de los objetos que hay en el universo cada vez que se encontrara con uno, así que tenemos que categorizar. He tomado los *vasos* como ejemplo, y sé que no tenemos problemas para imaginarnos uno. Si le pidiera a un amigo que me comprara un cartón de leche de soja en el supermercado, sé que no volvería con comida para perros. Situar los objetos dentro de categorías que podamos manejar es un papel esencial de la consciencia conceptual.

El lado negativo de este proceso mental es que al categorizar, podemos negar la integridad única del objeto. Podemos encasillar, reducir a estereotipos o, en el peor de los casos, juzgar a una persona basándonos en nuestra suposición generalizada acerca de un grupo. El prejuicio –racial, sexual o de cualquier otro tipo– que es la causa de tanto sufrimiento en el mundo, probablemente es la manifestación más peligrosa de esto. Las personas que están bajo la influencia de los prejuicios no necesitan un profundo entendimiento filosófico para odiar. Si las personas hacia las que tenemos una inclinación en particular –contra una raza, una religión, un sexo o un color de la piel– ven a alguien que se encuentra dentro de esa categoría, reaccionan basándose en la generalidad categórica que están realizando, modificando y coloreando su percepción.

La *generalidad del significado* es otro término para expresar la imagen genérica que crea la mente. Ya hemos visto cómo funciona la mente conceptual a través de la imagen y del lenguaje. Ahora nos vamos a concentrar en la imagen mental que aparece en lugar de la percepción. Como ya hemos visto, la mente conceptual crea la imagen a través de la negación, eliminando sistemáticamente todo lo que no sea su objeto. Por tanto, si te pidiera que imaginaras una manzana, la imagen que aparece en tu mente es todo lo que no es una no manzana. Independientemente de lo específica que podría parecer esa imagen, no es el verdadero objeto, sino que es la generalidad del significado. Supongamos que ambos nos hubiéramos encontrado con Su Santidad el Dalai Lama en Dharamsala en 1995 y yo te recordara que él te estrechó la mano –una experiencia singular y extraordinaria que no es probable que puedas olvidar. Esa imagen puede haber quedado intensamente grabada en tu pensamiento, pero seguirá siendo una generalidad del significado, una falsificación del verdadero acontecimiento. De hecho, ni siquiera recordamos los acontecimientos reales en su mayor parte, sino que recordamos nuestras generalidades del significado previas.

La *generalidad del sonido* es en gran medida lo mismo, pero se basa en el sonido. Piensa en tu canción favorita. En tu mente puedes escucharla, aunque en realidad por supuesto no está siendo así. Es la mente conceptual la que produce una generalidad del sonido basada en los recuerdos de escuchar el sonido. Una vez más, la mayor parte de este proceso es inofensivo, pero como la mente no está aprehendiendo exactamente el objeto de acuerdo con la realidad, se produce un error fundamental que puede dar lugar a problemas.

Estas generalidades operan continuamente en nuestra mente. Dan forma a nuestras opiniones y color a todo nuestro mundo y, sin embargo, casi nunca somos conscientes de ellas como tales. Aunque este tema es complejo, deberíamos tratar de comprenderlo, ya que la malinterpretación que desvía nuestra forma de ver el mundo, por muy sutil que sea, produce errores que pueden conducirnos al sufrimiento.

LA PERCEPCIÓN

Como seres que pertenecemos a este mundo físico, somos afortunados no sólo por poseer la capacidad para dar sentido a nuestro entorno exterior, sino también por poseer las cualidades de los cinco sentidos a través de las cuales podemos obtener información precisa acerca de él. Según la epistemología budista, aunque la percepción no es exclusiva al reino de la consciencia sensorial —en ciertas ocasiones la consciencia mental puede percibir directamente los datos sensoriales— nuestras percepciones sensoriales son las principales herramientas a través de las cuales conseguimos impresiones del mundo exterior.

La *percepción* se puede definir como "un acontecimiento mental que puede aprehender positivamente su objeto, captándolo tal y como es". Esto se refiere principalmente a nuestras cinco consciencias sensoriales. Yo camino por una calle y veo a una persona que se encuentra en la otra acera, escucho el tráfico, huelo las flores del parque y siento la brisa fresca. También me estoy comiendo un helado. Esos acontecimientos mentales —ver, escuchar, saborear, etc.— captan el objeto —la persona, el ruido, etc.— de manera directa y positiva. En este nivel, no existe eliminación ni aprehensión indirecta.

Por supuesto, las cosas no son tan simples. Inmediatamente, la mente comienza a etiquetar las cosas y aparecen los sentimientos y las interpretaciones. La persona es un amigo, el tráfico es ruidoso, la brisa es fría y así sucesivamente. Ése es el proceso de mejora de las percepciones iniciales que lleva a cabo la mente conceptual, pero no son percepciones en sí mismas.

De forma intuitiva, cuando vemos un objeto, escuchamos un sonido o captamos algo con cualquiera de las demás facultades sensoriales, asumimos que existe exactamente tal y como lo percibimos. Pero todas las escuelas budistas mantienen cierta discrepancia entre el mundo tal y como verdaderamente existe y el mundo tal y como lo percibimos. Incluso hay una escuela que niega completamente la existencia de los objetos del mundo exterior.

El aspecto

Cuando aprehendemos un objeto a través de la percepción directa, asumimos que estamos captando el objeto real. Vemos una casa y pensamos que no hay nada entre la casa real y nuestra percepción de ella. Pero esto no es así.

Entre las escuelas de pensamiento budista, en realidad no existe un claro acuerdo sobre qué es lo que realmente vemos. Para poder hacernos una idea de la complejidad de este tema, debemos examinar las afirmaciones que realizan cada una de las cuatro escuelas filosóficas. En este caso, limitaremos nuestro análisis a las primeras tres escuelas, excluyendo a la escuela superior, la Madhyamaka, ya que realmente complica todo el panorama.

Según la escuela Vaibhashika, la menos sutil de las cuatro escuelas, nuestra consciencia tiene acceso directo y sin intermediario al objeto. Sin embargo, la escuela Vaibhashika también afirma que somos incapaces de percibir todo el objeto con una sola consciencia. Si pensamos en ello, veremos que tiene cierto sentido. Vemos una manzana y pensamos que estamos viendo toda la manzana. En realidad, nuestra consciencia visual sólo ha captado el color y la forma de la parte de la manzana que podemos ver, no de su dorso o de su parte inferior, ni tampoco el aroma y el sabor que dan lugar al objeto completo.

Pero, aparte de eso, afirman los expertos de la escuela Vaibhashika, existe una manzana real, y eso es exactamente lo que nuestro ojo ve. Por esa razón, decimos que la Vaibhashika es una escuela *realista*. No se debe a que tengan una reivindicación exclusiva de la verdad, sino porque proclaman que las cosas son reales en el sentido de que tienen una esencia intrínseca.

Esta afirmación ha sido fuertemente refutada por las otras escuelas. En primer lugar, dicen, esto supone asumir una imposibilidad cronológica ya que, según la Vaibhashika, la existencia de la manzana y la aprehensión de la misma tendrían que haber sucedido al mismo tiempo. Eso eliminaría la posibilidad de la ley de causa y efecto, que por definición es secuencial. Si la manzana y la aprehensión de la misma fueran simultáneas, entonces el objeto no podría ser la causa de que la mente lo haya captado, lo cual, según las otras escuelas, es algo absurdo.

Las escuelas Sautrantika y Chitamatra introducen el concepto de *aspecto* (en tibetano, *nampa*) en sus debates sobre el modo en el que se perciben los objetos. El aspecto es el reflejo del objeto que se convierte en la percepción directa. Es un intermediario entre el objeto y la mente y, como tal, se comporta de la misma manera como una consciencia conceptual. Vemos el azul pero, ¿qué es lo que diferencia al azul del amarillo antes de que la consciencia conceptual lo etiquete? Estas escuelas afirman que es el aspecto. El aspecto del azul está causado por el color azul "real" del objeto y por su representación en la consciencia visual.

Es evidente que un objeto no puede estar físicamente presente dentro de una consciencia. Sin embargo, según estas escuelas, el objeto puede causar un impacto —una marca o un reflejo— en la consciencia. Esto es como apoyarse sobre una pared recién pintada. Nuestro brazo no se queda en la pintura húmeda, sino que lo que queda es la marca del brazo. Según estas escuelas, ésa es una parte necesaria del proceso de percepción —sin él, no existiría una base para la discriminación.

La diferencia de afirmación entre las escuelas Sautrantika y Chitamatra no gira en torno a si la consciencia sensorial necesita un intermediario, sino alrededor del estatus del objeto externo. La escuela Sautrantika asume que el objeto exterior existe, y la escuela Chitamatra rechaza esto. Según la escuela Chitamatra, los aspectos de color o de sabor que emergen en el interior de nuestra consciencia no aparecen como consecuencia de una impresión del objeto externo real, sino que están producidas por nuestras propias tendencias internas latentes, o impresiones. No existe una experiencia de un objeto externo sin tener en cuenta la mente que lo experimenta. El objeto y el sujeto son una entidad en el sentido de que la mesa y la mente que experimenta la *mesa* emergen al mismo tiempo de la misma fuente.

Aunque tienen ideas muy distintas acerca de la relación entre objeto y sujeto, ambas escuelas afirman que una percepción no puede emerger independientemente del objeto que percibe. Por tanto, los aspectos conceptuales tienen una correspondencia directa individual con los objetos que representan. Una consciencia perceptual sólo aparecerá si existe un objeto real y, por tanto, se puede decir que capta al objeto en sí. Y, por tanto, una consciencia visual que aprehende un color azul se dice que capta el azul real, aunque sólo es consciente del *aspecto* del azul, y no del azul en sí.

Además, el aspecto no es algo separado de la consciencia. Es tanto una representación del objeto en una consciencia como la consciencia real que ve el objeto. Debido a esta doble naturaleza, se dice que el aspecto tiene la *apariencia* del objeto externo pero la *naturaleza* de la consciencia.

El concepto de aspecto también es de suma importancia para esas escuelas en las que se planeta la cuestión de la percepción autonocedora (en tibetano *ranrig*) [24], o cómo la mente puede aprehenderse a sí misma. En relación al auto-conocedor, los expertos como Dharmakirti y Dignaga hablan de dos tipos de aspecto: el objetivo y el subjetivo.

El aspecto objetivo se concentra en el objeto —el color azul, por ejemplo— mientras que el aspecto subjetivo se concentra en la consciencia visual en sí cuando aprehende el azul. En cualquier percepción, suceden dos cosas simultáneamente: el objeto se refleja en la consciencia –el aspecto objetivo– y la consciencia es consciente del proceso que se está llevando a cabo –el aspecto subjetivo.

Casi todas las escuelas, aparte de la Vaibhashika –Sautrantika, Chitamatra y Svatantrika Madhyamaka– afirman que el aspecto subjetivo es una mente válida y que es sinónimo de autoconciencia o autoconocedor. Consideran que su presencia es absolutamente necesaria para impulsar una memoria futura del objeto. Dharmakirti afirma que la cognición es *autoluminosa*, lo que significa que al mismo tiempo que el ojo percibe el azul, es consciente –autoconsciente– de que está percibiendo el azul. El significado de la *autoluminosidad* es parecido al de *apercepción*, que significa la consciencia de la mente de sí misma. Estas tres escuelas afirman que el mecanismo a través del cual sostenemos un objeto de un momento al siguiente es la percepción autoconocedora.

El aspecto subjetivo de una mente no puede ser una entidad diferente de la mente en sí. Si lo fuera –por ejemplo, una mente que mira a una mente diferente–, nos encontraríamos en una regresión infinita, ya que para que una mente pueda aprehender un objeto, sería necesario que hubiera una segunda mente que fuera consciente de esa mente, pero esa segunda mente necesitaría una tercera mente que fuera consciente de ella, y una cuarta, y así sucesivamente hasta el infinito. El aspecto subjetivo es la *misma* mente, pero tiene un aspecto *diferente*. El aspecto subjetivo de una consciencia visual es la consciencia visual. Es el mecanismo que se encuentra dentro de la consciencia visual que permite que la mente lo recuerde más adelante.

Comparación entre mente conceptual y mente perceptual

Llegados a este punto, merece la pena revisar las dos principales divisiones de la consciencia –percepción y concepción– y extendernos un poco en ellas. El gráfico de abajo detalla este punto.

Percepción	*Concepción*
Contacta con su objeto positivamente, por afirmación	Contacta con su objeto negativamente, por eliminación
Contacta con su objeto por lo que es (sin exagerar)	No contacta con un objeto por lo que es
Contacta con un objeto real	No contacta con un objeto real
Por lo general, es muy precisa	Siempre está equivocada
No proporciona ningún contenido integrador	Proporciona un contenido integrador

Una percepción aprehende un objeto sin etiquetas ni interpretaciones. No está equivocada, a menos que exista algún problema físico inmediato, como cuando entrecerramos los ojos y vemos dos lunas. Por el contrario, como ya hemos visto, las mentes conceptuales siempre están equivocadas con relación a su objeto.

No es el papel de la percepción identificar el objeto; sólo aprehende datos sin procesar. La mente conceptual a continuación añade inmediatamente el contenido y discrimina un objeto del otro: eliminando lo que no es e identificando lo que es, etiquetándolo y categorizándolo. Este proceso también puede realizar rápidamente un juicio acerca del objeto: bueno o malo, hermoso o feo, amigo o enemigo, y así sucesivamente.

Básicamente, todos los fenómenos son permanentes o impermanentes y no hay otra alternativa. Las cosas impermanentes dependen de las causas y de las condiciones para llegar a existir y constituyen la mayoría de las *cosas* que hay en nuestro mundo. Las cosas permanentes no funcionan, no dependen de las causas ni de las condiciones. Las cosas permanentes incluyen estados como el vacío o conceptos como el tiempo. Existen, pero son inmutables, lo cual no quiere decir que sean eternas –que no lo son– sino que mientras existen, no están sujetas a la ley de causa y efecto.

Las cosas impermanentes también se denominan *positivas* o *establecidas*, refiriéndose al modo en el que la mente las capta o aprehende, mientras que las cosas permanentes pueden denominarse *negativas* o *eliminativas*.

Las percepciones aprehenden positivamente las cosas impermanentes. El ojo ve un libro –una cosa impermanente– o el oído escucha un sonido. Las concepciones aprehenden cosas permanentes. Podemos ver cómo el tiempo y quizás el vacío pueden ser permanentes, ya que de alguna manera para nosotros son abstractos en este momento. ¿Pero qué pasa con la mente que aprehende una puesta de sol hermosa? ¿Estamos seguros de que una puesta de sol es una cosa impermanente? La puesta de sol real lo es, pero no lo es la imagen de la puesta de sol que ha captado la mente conceptual. Esa imagen es permanente, porque no puede realizar una función y no cambia de un momento a otro mientras existe.

Las consciencias sensoriales operan sin interpretar el objeto que han aprehendido. Cuando el ojo ve algo, no existe un proceso de eliminación. Según algunas escuelas budistas, entre el objeto y la consciencia se encuentra el aspecto, que tiene una relación directa con cada uno de los objetos y de ahí que no sea equivocado. Las consciencias sensoriales observan el objeto de forma directa y positiva. La consciencia conceptual, por el contrario, aprehende su objeto indirectamente, a través de la mediación, y negativamente, a través de la eliminación.

Un acontecimiento mental es pasivo o activo dependiendo de si existe un proceso de por medio. La mente perceptual no emplea ningún proceso y, por tanto, se relaciona pasivamente con su objeto. La mente conceptual, por otro lado, siempre opera a través de un intermediario y, por tanto, se relaciona activamente con su objeto. Entre el objeto y la mente aparece una construcción conceptual —tanto si se trata de la etiqueta, de la sensación de atracción o de aversión, como si se trata de cualquiera de los demás tipos de elaboración que están en curso— el diálogo interno de comparación, juicio e identificación.

La mente perceptual sólo recopila los datos sin procesar; la mente conceptual se ocupa de todo lo demás. La mente perceptual es como la imagen latente que se encuentra en la película de una cámara —rayos de luz que golpean la película sensible. La mente conceptual desarrolla e imprime la película (¡y protesta cuando está desenfocada!)

Normalmente, en nuestra vida cotidiana, las mentes perceptuales y las mentes conceptuales actúan juntas. Percibir directamente un semáforo en rojo y no seguir adelante con el proceso es peligroso. Necesitamos que la mente conceptual etiquete *semáforo* y *rojo* y entable un diálogo interno que haga que nuestro pie pise el freno. Sin embargo, como ya hemos visto anteriormente, la mente conceptual añade más información de la necesaria, exagerándola e incluso haciendo que esté equivocada. En realidad, nuestro compañero *no* es la persona más maravillosa del mundo (ni tampoco lo contrario), y esta nueva pantalla de televisión plana *no* va a ser la clave que nos permita alcanzar un placer infinito.

Normalmente experimentamos el mundo que nos rodea sin cuestionarlo. Vemos imágenes y escuchamos sonidos —todos ellos se convierten en parte de nuestra experiencia, filtrados, clasificados, juzgados e incluso archivados o descartados. Inconscientes de la mecánica de nuestra vida mental, desarrollamos sin pensar una serie de atracciones y aversiones, recordamos y olvidamos, bajo el balanceo de los hábitos y de las adicciones mentales. Si queremos llegar a ejercer el control de este circo que se encuentra dentro de nuestra cabeza, debemos comprender el poder de la concepción, y el modo en el que la consciencia crea el mundo en el que nos encontramos. Debemos liberarnos de la servidumbre a las concepciones negativas que ahora nos dominan.

LA COGNICIÓN VÁLIDA

Pramana

Cuando la percepción directa no está equivocada con respecto a su objeto, se llama *cognición válida*. En sánscrito, el término que se utiliza para designar esto es *pramana* (pra MAH na; en tibetano, *tsema*), un término utilizado tanto en la epistemología budista como en la no budista. Las escuelas no budistas generalmente utilizan este término para referirse a dos cosas: a un instrumento para adquirir conocimiento de un objeto y al conocimiento en sí.

Para las escuelas budistas, pramana se refiere al conocimiento en sí. Es una cognición no engañosa. Dramakirti y Dignaga afirman que una consciencia sólo es válida y correcta si no es engañosa, y si es así, entonces esa consciencia es pramana.

En su *Gota de razonamiento* (*Nyayabindu*), Dharmakirti declara además que la cognición válida es un requisito esencial para el cumplimiento de todos los propósitos humanos[25]. Todos los caminos que conducen a la Iluminación deben atravesar el umbral de la cognición válida, afirma Dharmakirti. No tiene sentido buscar la realización personal y la felicidad en algo si procede de una mente equivocada, porque tarde o temprano producirá sufrimiento. Sin pramana, podríamos buscar un helado de chocolate, pero acabaríamos por tener guindillas. Por supuesto, Dharmakirti se refiere a niveles de cognición equivocada mucho más profundos que éste, cosas como ver a los demás sin las lentes del interés personal y ver los fenómenos sin la distorsión de la autoexistencia.

Desde el punto de vista del sentido común, podemos ver la verdad que hay en esto. Los infortunios algunas veces parecen llegar "como caídos del cielo", pero generalmente, cuando sufrimos, podemos darnos cuenta de los errores que hemos cometido en algún punto del camino. Cometemos errores de tipo físico, como no ver dónde estamos pisando, o errores verbales, como hablar sin tener en cuenta los sentimientos de los demás —pero los errores que más importan son los que comete la mente. La enseñanza budista más citada es que la raíz de todos nuestros problemas es la ignorancia, y que la ignorancia es la mente equivocada fundamental. No es una mente pirada y en la nada, ni una mente que simplemente no conoce, sino que es una mente activa cuyo conocimiento es errado. Por tanto, es vital que podamos comprender y desarrollar mentes válidas mientras eliminamos aquéllas que están equivocadas.

Una mente válida diferencia correctamente entre los objetos existentes y los no existentes. Puedo ver que los cuernos de un conejo son no existentes y que la mesa que está delante de nosotros en realidad existe.

La etimología de pramana

Este término sánscrito *pramana* es un término técnico muy preciso. Aunque no he estudiado el sánscrito de manera formal, trataré de explicar brevemente el término. Las palabras en sánscrito se pueden dividir en términos raíces y en sufijos o prefijos. Gramaticalmente, la palabra *pramana* se puede dividir en las palabras *prama*, la raíz que significa "conocimiento-acontecimiento", y *ana*, el sufijo, que en este caso es el agente activo que significa "producir". Aunque el término *pramana* generalmente se traduce como *cognición válida*, el término abarca un significado mucho más amplio. El concepto occidental *conocimiento* implica algo duradero, permanente. En el budismo, por lo contrario, el conocimiento no es estático, sino momentáneo, y esto se refleja en el uso del término activo *ana*.

En los monasterios, como herramienta de aprendizaje, dividimos la palabra de un modo ligeramente distinto, en las sílabas *pra* y *mana*. *Pra* tiene muchos significados, dependiendo del contexto: entre ellos "excelso", "perfección", "primero" y "nuevo". *Mana* significa medir, conocer, reconocer o aprehender. Por tanto, *pramana* literalmente significa conocer perfectamente, excelentemente o nuevamente. Las distintas escuelas interpretan este punto de manera diferente. Los expertos de la escuela Prasangika Madhyamaka, por ejemplo, utilizan *pra* para querer decir "principal" o "primero". Cuando se usa para que signifique "primero" o "nuevo", entonces sólo puede ser válido el primer momento de una mente, que es limitado. Volveremos a hablar de este punto más adelante.

No engañoso

Para que una consciencia no sea engañosa, el resultado debe ser consecuente con la intención, lo cual significa que el objeto que estamos buscando debe estar correctamente determinado. Supongamos que estamos buscando a nuestro amigo Juan entre la multitud. Él es alto, calvo y lleva gafas y pensamos que lo vemos en la distancia. La consciencia ha aprehendido su objeto. Cuando pasamos al otro lado de la habitación, observamos que la figura que pensábamos que era Juan en realidad es otra persona. Sin embargo, directamente tras él se encuentra Juan. Buscábamos a Juan y lo hemos encontrado, así que existe un acuerdo entre el objetivo y el resultado —el efecto práctico no nos engaña— pero ha existido un engaño de la intención en el sentido que nuestro verdadero objeto difería del objeto que habíamos percibido.

Una cognición válida puede ser una percepción directa o una inferencia. Más abajo hablaremos de las cogniciones válidas inferenciales. Para que cualquier consciencia sea una cognición válida, debe ser no engañosa en dos sentidos: por lo que se refiere a su efecto práctico (queremos A y conseguimos A) y por lo que se refiere a su capacidad para captar el objeto de manera precisa.

Esto significa que la cognición supone algo más que limitarse a acertar: consiste en acertar *intencionadamente*. La consciencia visual mira la mesa y la mente la aprehende, y no existe ninguna incongruencia entre la intención y el efecto práctico. Sin embargo, no existe una cognición válida entre la consciencia visual que ve a David y la mente que lo confunde con Juan, ya que la intención y el resultado práctico no concuerdan.

Novedad

Si, como ya mencioné anteriormente, tomamos la primera sílaba del término *pramana* y le asignamos el significado de *nuevo*, entonces una cognición válida debe conocer su objeto de un modo fresco, nuevo. De hecho, Dharmakirti afirma: "Por lo que respecta a esto, la cognición válida es sólo aquello que ve por vez primera un objeto específico"[26].

Este elemento de la novedad es muy importante. Aunque un acontecimiento mental que repite información previa puede ser beneficioso y puede revelar información correcta, al ser una repetición de una consciencia anterior y, por tanto, no aportar información nueva, técnicamente no puede ser una cognición válida. Si no añade nada nuevo al proceso cognitivo es, en términos de cognición, irrelevante.

Por ejemplo, según gran parte de la epistemología budista, la memoria no es una consciencia válida, porque es una mera repetición conceptual de un conocimiento previo. No existe una exposición directa a un objeto o a un acontecimiento para asegurar su validez y, por tanto, independientemente de lo clara y correctamente que recordemos algo, ya no existe salvo como una fabricación mental. Una mente no engañosa debe aprehender el objeto de manera nueva. Por tanto, la memoria nunca puede ser no engañosa.

Gendun Drub escribió muchos comentarios sobre Dharmakirti y es una de las personas que declara que el *pra* en la palabra pramana definitivamente significa *nuevo* y, por tanto, si una cognición no revela información nueva, no es una cognición válida[27]. Este punto de vista es ampliamente compartido, pero puede dar lugar a ciertas complicaciones. Khedrup Je, uno de los principales discípulos del Lama Tsongkhapa, no estaba de acuerdo con la opinión mayoritaria, argumentando que la novedad en realidad no era un requisito esencial para la validez. En cambio, definió la cognición válida como "la cognición que es no engañosa con respecto al objeto que [la cognición] percibe por su propio poder"[28].

¿Qué significa *por su propio poder*? Significa sin la ayuda de otra consciencias. Algunos Maestros afirman que esto implica una nueva aprehensión, porque un segundo momento de aprehensión de un objeto depende del primer momento. Eso no se refiere a la manera general en la que cualquier momento de consciencia siempre depende del anterior, sino a la manera específica en la cual las cogniciones subsiguientes del mismo objeto se apagan, perdiendo el poder del momento inicial. Aquí *no* estamos hablando de las mentes conceptuales que llegan a existir inmediatamente después de cualquier percepción, sino de la percepción cruda y directa en sí, en su segundo o en sus subsiguientes momentos.

Otros Maestros afirman que el segundo momento de *percepción* todavía sigue siendo válido, pero se diferencia de los momentos subsiguientes de aprehensión *mental*, los de las *concepciones* acerca del objeto. Para ellos, la idea de "nuevo" excluye sólo a las concepciones y no a las percepciones subsiguientes. Si nuestra definición de una cognición válida es una mente que aprehende un objeto "por su propio poder", entonces los segundos momentos y los siguientes podrán, por tanto, todavía ser *novedad* si esa aprehensión está libre de otras mentes –libre, específicamente, de la superimposición conceptual.

COGNICIONES VÁLIDAS INFERENCIALES

Dentro del budismo tibetano, existe un consenso general en que sólo hay dos fuentes de cognición válidas: la percepción y la inferencia. Otras filosofías también citan al testimonio, como las palabras de un Maestro realizado, como una fuente de cognición válida, o analogías que apuntan hacia la verdad, pero todo esto lo rechazan los expertos budistas, incluyendo Dharmakirti y Dignaga.

Como ya hemos visto anteriormente, las cogniciones válidas perceptuales simplemente son nuestras consciencias sensoriales que perciben un objeto directa y correctamente. Para comprender cómo una inferencia puede ser correcta es necesario hacer ciertas consideraciones. La inferencia es un concepto y, por definición, los conceptos son mentes equivocadas. Por tanto, ¿se produce una contradicción? Debemos observar meticulosamente la diferencia de significado –dentro de la filosofía budista, por lo menos– entre lo *válido* y lo *equivocado*. Algunas mentes pueden ser ambas cosas.

Además de la habitual división doble de cosas existentes en impermanentes y permanentes, también existe una división de los fenómenos en cosas evidentes, ocultas y muy ocultas. Las cosas *evidentes* son cosas que las personas ordinarias podemos reconocer sin depender de la inferencia como, por ejemplo, los objetos cotidianos que están al alcance de nuestros cinco sentidos. Sin embargo, nuestras percepciones sensoriales no pueden aprehender las cosas que están ocultas. Para conocer dichos objetos, necesitamos la inferencia.

El ejemplo habitual y extraordinariamente claro que se utiliza es inferir que hay fuego a través del humo. Éste es un ejemplo que a los monjes de ocho años les encanta debatir. Cuando se hace visible a nuestra consciencia visual, el fuego es un objeto evidente, pero también puede estar oculto cuando, por ejemplo, se está quemando un bosque en la lejanía. Lo único que vemos es el humo, pero basándonos en esta apariencia podemos inferir la existencia de un fuego.

Esta mente es válida porque la mente está de acuerdo con el objeto, aunque no exista una percepción directa.

Lo mismo sucede con las cosas como la impermanencia sutil o, incluso, con nuestros cumpleaños. No tenemos una percepción directa del día en el que nacimos, ni siquiera guardamos un recuerdo de ello. Debemos confiar en la sinceridad de nuestros padres y en la de las partidas de nacimiento. A pesar de todo ello, estamos lo bastante convencidos como para celebrarlo. Muchas de las ideas que son verdaderamente importantes en el budismo son fenómenos ocultos: el vacío, la Iluminación, la reencarnación, etc. Entender y finalmente darnos cuenta de esas cosas sin duda depende de la inferencia.

La tercera categoría, los *objetos muy ocultos*, va un paso más allá de todo esto. Podemos estar seguros de que somos el producto de nuestra madre y de nuestro padre, pero no tenemos la menor idea de por qué tenemos cierta personalidad o de por qué nacimos en un lugar en particular. El budismo afirma que esas cosas se deben al karma, y en su nivel más sutil el karma es un objeto muy oculto. Los objetos muy ocultos sólo pueden ser vistos directamente por un Buda y, por tanto, no pueden ser conocidos por la inferencia ni por la percepción directa de los seres que no están Iluminados.

A través de la inferencia podemos comprender que nacimos en ésta o en aquélla fecha, que es una inferencia válida, pero como es una mente conceptual y no una mente perceptual, sigue estando equivocada en el sentido de que no aprehende su objeto directamente. Una mente conceptual *siempre* es una mente equivocada, aunque sea no engañosa. Ver el humo e inferir el fuego es correcto, o válido, pero la mente que infiere el *fuego* también está equivocada, porque es conceptual y, por tanto, no aprehende directamente su objeto.

Las percepciones no pueden aprehender conceptos. Mi consciencia visual puede aprehender la mesa que se encuentra delante de mí, pero no el vacío de la mesa. Por esta razón, la mente conceptual de la inferencia es una parte vital del desarrollo espiritual, donde pasamos naturalmente de un entendimiento intelectual y superficial del concepto de algo como el vacío a uno más profundo, y después a una cognición inferencial válida. Sin esto, nunca podríamos darnos cuenta directamente del vacío y sería imposible alcanzar la Iluminación.

La creencia de que, como las mentes conceptuales son mentes equivocadas, por tanto nunca son válidas, es errónea, ya que conduce al veredicto de que darnos cuenta del vacío o de la Iluminación es imposible. Sólo a través de las mentes conceptuales podemos alcanzar esos estados. Para poder evitar los peligros de la aceptación basándonos en los meros dogmas, debemos comprender bien la epistemología y emplear el razonamiento válido. Para ello, debemos examinar la percepción –el fenómeno que enlaza la mente conceptual con el objeto externo.

Muchos Maestros llegan a la siguiente conclusión fundamental; si trazamos la trayectoria de todas las cogniciones válidas hasta su origen, llegamos a la percepción. Finalmente, cualquier cognición válida –percepción o inferencia– debe estar convalidada por la percepción. Ver el humo en la distancia y aprehender que hay un fuego es algo erróneo por lo que se refiere al objeto que aparece –no tenemos una prueba directa de que haya un fuego– pero es válida, porque verdaderamente *hay* un fuego. Pero este entendimiento inferencial sólo es posible a través de la percepción válida del humo. Y sólo somos capaces de determinar y de aceptar este vínculo entre el humo y el fuego porque anteriormente hemos percibido esta relación causal.

La percepción y la concepción trabajan continuamente mano a mano para proporcionarnos una imagen completa del mundo.

7. AVANZAR HACIA EL CONOCIMIENTO

LA DIVISIÓN SÉPTUPLE

Una de las partes de la epistemología es el conocimiento de las concepciones y de las percepciones, y de las mentes válidas y de las mentes equivocadas, como ya vimos en el capítulo anterior. Otra parte es el entendimiento la verdadera forma de pasar de las mentes equivocadas a las mentes correctas y de la consciencia conceptual a la consciencia perceptual. En su análisis de la validez del conocimiento y del modo en el que lo adquirimos, la tradición Guelugpa habitualmente destaca siete tipos de mente:

1. consciencias erróneas
2. consciencias dubitativas
3. consciencias no determinativas
4. consciencias que asumen correctamente
5. conocedores subsiguientes
6. conocedores inferenciales válidos
7. percibidores directos válidos

Las consciencias erróneas

Las consciencias erróneas, tanto si son conceptuales como si son perceptuales, son erróneas en relación al objeto principal. Aunque una percepción sensorial directa puede ser una consciencia errónea, el error generalmente será muy superficial. El ejemplo tradicional es cuando vemos todo de color amarillo por culpa de la ictericia –aunque llevar gafas de sol podría ser un giro moderno en este ejemplo. Por el contrario, las consciencias erróneas en el nivel conceptual, como la creencia en un yo permanente, pueden ser enormemente profundas.

La epistemología budista enumera seis fuentes de engaño:

1. el objeto
2. la base de la percepción
3. la situación
4. la condición inmediata
5. las impresiones kármicas
6. la familiarización repetida

Dejaré la primera fuente de engaño para el final. La segunda, la *base de la percepción*, es engañosa cuando nos concentramos equivocadamente en un objeto inapropiado. Muchas mentes y muchos factores mentales crean un acontecimiento mental, y normalmente la mente se dirige hacia el más importante, pero no siempre. Algo puede desviar nuestra apreciación del objeto. Por ejemplo, un sonido estridente puede hacer que no veamos que viene un coche mientras pisamos el freno.

La *situación* también puede engañarnos. Por ejemplo, podemos ver una inmensa figura masculina en una calle oscura como algo intrínsicamente amenazador, cuando en realidad no existe ninguna amenaza.

La *condición inmediata* se refiere a los momentos de mente inmediatamente anteriores que distorsionan nuestra forma de apreciar un acontecimiento. Un ejemplo de ello es cuando una intensa ira deja un residuo que tiñe de color la situación siguiente, haciendo que veamos de forma negativa algo que habitualmente consideraríamos como agradable o neutral.

Las *impresiones kármicas* nos están engañando constantemente. De hecho, las propensiones dejadas en nuestra mente como consecuencia de las acciones pasadas nos han programado casi constantemente para que equivoquemos las cosas. El error más importante está relacionado con el sufrimiento producido por el cambio, donde nos aferramos a objetos creyendo que son intrínsecamente deseables, lo cual nos prepara para el futuro sufrimiento cuando éstos inevitablemente nos "fallen". El fallo no radica en el objeto, sino en la percepción que tenemos de él.

De igual manera, la *familiarización repetida* distorsiona nuestra perspectiva, espesando la percepción y haciendo que las actitudes equivocadas parezcan normales y correctas. Esto lo vemos en la retórica de la política, en las campañas publicitarias y en las familias disfuncionales cuando la violencia y el egoísmo se retratan como algo deseable. También sucede en nuestra proyección natural de autoexistencia en los objetos.

Estos puntos resultan interesantes de explorar y, en mi opinión, son razonablemente sencillos de comprender. Pero volvamos ahora a la primera fuente de engaño de nuestra lista, el objeto. Como ya mencioné anteriormente, el objeto en sí también puede engañarnos. Las otras fuentes de engaño se pueden considerar subjetivas –todas ellas son errores que crea la mente. ¿Cómo es que el objeto puede ser engañoso?

De hecho, el problema no está en el objeto, sino en la incapacidad de la mente para aprehender ciertos aspectos del objeto. Estos aspectos se conocen en epistemología budista como las *cuatro densidades*:

1. la densidad de la continuidad
2. la densidad de la función
3. la densidad del objeto
4. la densidad del todo

Densidad es el término que utilizan los expertos occidentales, pero yo prefiero emplear el término tibetano, *nyurwa* o "rápido" –ya que el objeto o el acontecimiento son demasiado "rápidos" como para que la mente los pueda aprehender.

La *densidad de la continuidad* se refiere al error que cometemos cuando vemos una secuencia de acontecimientos en relación a un objeto y los imputamos erróneamente como algo simultáneo o continuo. La confusión se produce porque allí el espacio de tiempo que existe entre el primer acontecimiento y el segundo es enormemente pequeño. El ejemplo tradicional de esto es el de una flecha que se dispara a través de un grueso manojo de papel. A simple vista, da la sensación de que la flecha ha creado instantáneamente un agujero a través de todo el papel, pero en realidad ha ido atravesando cada una de las hojas por separado, de una en una.

Encontramos otro ejemplo de esto extraído de la vida cotidiana cuando vemos una película. Cada segundo de una película está compuesto por veinticuatro fotogramas separados, y cada uno de ellos es una imagen. Sin embargo, como los fotogramas pasan a través de un proyector muy deprisa, el movimiento en la imagen parece ser continuo en lugar de estar compuesto de imágenes en reposo.

La *densidad de la función* se concentra en un conjunto, en lugar de hacerlo en una secuencia, tal y como sucedía en la primera densidad pero, aparte de eso, son bastante similares. Por ejemplo, subir por las escaleras nos parece una sola acción pero, si pensamos en ello, nos damos cuenta de que consta de una serie de complicados movimientos.

La *densidad del objeto* se refiere a la manera en la que vemos un objeto como un todo, en lugar de percibirlo como una suma de distintas partes. Una fotografía en blanco y negro publicada en un periódico podría parecernos una imagen de tonos continuos, pero si la examinamos de cerca, veremos que está formada por una serie de puntos. Nuestra mente realiza una serie de conexiones que, en realidad, no están presentes en el objeto en sí.

La *densidad del todo* se refiere a los objetos que parecen uniformes en todo momento aunque no lo sean. Veo la parte frontal de algo y asumo que la parte posterior y los laterales son idénticos. Doy un mordisco a una manzana de aspecto delicioso y descubro que por dentro está podrida. Siempre estamos haciendo suposiciones sobre el todo basándonos únicamente en las partes.

Reconocer que los objetos nos engañan constantemente nos ayuda a no fijarnos en las apariencias y a buscar las realidades más profundas. Algunas personas que ven la televisión por primera vez piensan que los personajes y las situaciones que se representan en las comedias de enredo son reales. Por supuesto, nosotros no somos así (al menos, eso espero), pero podríamos perfectamente vernos tan atrapados en una buena película que olvidamos que estamos viendo a actores representando situaciones ficticias. Y casi nunca somos conscientes de que las imágenes que estamos observando en la pantalla son una serie de imágenes fijas.

Eso no significa que los objetos y las situaciones sean completas ilusiones o que no funcionen. Lo cierto es que sí funcionan. La fotografía que aparece en un periódico funciona como tal, y por simple hecho de que no seamos capaces de ver que está compuesta de muchos puntos no significa que no haya una fotografía. Sin embargo, hay un elemento de ilusión en marcha que utiliza nuestra mente para llenar los espacios que hay en ella.

La lección que extraemos aquí es que no deberíamos aferrarnos a las cosas de manera irreflexiva, o tomar las etiquetas que pone la mente como algo fijo. Nuestra capacidad para marcar una pequeña distancia puede ayudarnos a romper los patrones que nos causan tanta desdicha. Este hueco es esencial para comprender la realidad y para reducir la angustia emocional. Lama Yeshe ofrece una meditación sencilla, aunque efectiva.

Analizas, miras, tu propia mente. Si alguien hace que pases por un mal momento y tu ego comienza a sentirse herido, en lugar de reaccionar, limítate a observar lo que está ocurriendo. Piensa simplemente en cómo el sonido sale de la boca de esa persona, entrando por tu oído, y produciendo dolor en tu corazón. Si piensas en ello de la manera adecuada, te hará reír; te darás cuenta de lo ridículo que es disgustarse por algo tan insustancial. Entonces, tu problema desaparecerá –¡zas! Así de fácil[29].

Las consciencias erróneas son mentes que procesan incorrectamente la información que recibimos acerca de los objetos. Esto podría parecer una afirmación algo pedante, pero es importante advertir que en la epistemología budista existe una diferencia entre una consciencia errónea, como la que acabamos de ver, y una consciencia equivocada. El término tibetano que se utiliza para designar la consciencia errónea, *lokshe*, significa "consciencia invertida", lo cual implica que hay una completa inexactitud, como cuando vemos una flor y pensamos que es un caballo. La *consciencia equivocada* (en tibetano, *trulshe*) es mucho más sutil y se refiere, tal y como vimos antes, a la incapacidad de la mente conceptual para percibir un objeto directamente. Como ya dije anteriormente, la mente conceptual siempre está equivocada en este sentido, tanto si es errónea como si no.

Las consciencias dubitativas

La segunda de la división séptuple es la *consciencia dubitativa*. Ésta es una consciencia que se caracteriza por su inseguridad, pasando de una conclusión a su opuesta. Cada día nos vemos obligados a decantarnos por entre una serie de numerosas opciones, desde elegir los productos que vamos a comprar en el supermercado a tomar decisiones en el trabajo. Si usted es como yo, la mayor parte de esas decisiones estarán teñidas por la inseguridad.

En las enseñanzas budistas, la gran duda a menudo aparece con relación a la cuestión de la existencia inherente de las cosas. Podemos escuchar una enseñanza sobre el vacío y al principio sentir que es un concepto esotérico que no tiene nada que ver con nuestra vida. Ésa es una duda que no tiende hacia la realidad. Si oímos más cosas acerca de ella y comenzamos a pensar que hay alguna posibilidad de que las cosas no existan inherentemente, tal y como afirman las enseñanzas, ésa es una duda que tiende hacia la realidad. Éste es un importante paso inicial para conseguir disminuir la fuerza del punto de vista erróneo. Es el principio del proceso que nos lleva a dirigirnos hacia el recto entendimiento.

Incluso la sospecha de que las cosas y los acontecimientos pueden no ser permanentes es un pensamiento diametralmente opuesto a nuestros patrones normales y es verdaderamente una mente muy profunda. Tal y como afirma Aryadeva en sus *Cuatrocientos Versos* (*Chatushataka*): "Incluso a través del simple hecho de tener dudas, la existencia cíclica se ha hecho trizas".

En la secuencia que nos conduce desde la consciencia errónea a la percepción directa, la duda es uno de los primeros tipos de mente que debemos eliminar. Sin embargo, al principio, las dudas saludables que tienden hacia la realidad son, de hecho, mentes positivas. Por ejemplo, dudar que ésta sea la única vida que tenemos y preguntarnos si hay otra vida podría llevarnos a reflexionar sobre ello, a investigar el tema, y desde el entendimiento que hayamos obtenido, a producir un resultado positivo.

El peligro de la duda es la mente inestable que no examina estrechamente y se queda atascada en un estado de oscilación, bajo el balanceo de cualquier punto de vista que haya encontrado más recientemente. Si, dudando de la existencia de futuras vidas y no habiendo examinado este tema a fondo, acudimos a una conferencia impartida por un portavoz carismático que afirma que no hay vida después de la muerte, podemos sentirnos fascinados por su argumentación y darle inmediatamente toda nuestra credibilidad. Para poder progresar en nuestro camino, debemos ir más allá de esta indecisión crónica.

Las consciencias no determinativas

Cada día, millones de experiencias sensoriales aparecen ante nuestra consciencia. Supongamos que estamos caminando desde casa a un parque próximo. Cuando regresamos, podríamos hablar a nuestro compañero del ladrido de un perro, de la nueva disposición de un escaparate o de las hojas que se están tiñendo de marrón ante la llegada del otoño –pero, en realidad, no determinamos la inmensa mayoría de información sensorial.

Si fuéramos capaces de analizar nuestra mente durante un periodo de veinticuatro horas, muchas de las cosas que experimentamos entrarían dentro de esta categoría. Por supuesto, prestamos atención cuando caminamos por la calle –nuestra supervivencia depende de ello– pero la mente no puede, de modo alguno, asimilarlo todo. La mente debe filtrar la información para formarse un sentido del mundo, ya que de lo contrario sería como recibir todas las emisoras de radio que hay en el dial al mismo tiempo. La mayoría de nuestros acontecimientos mentales son consciencias ante las cuales se aparece el objeto, pero no se determinan, lo que significa que el objeto ha sido aprehendido por la consciencia sin la fuerza suficiente como para poder registrarlo.

De igual modo, podemos aprehender a un objeto, pero éste no es capaz de registrarse profundamente. No hay ninguna certeza del objeto. Acudimos a una conferencia sobre budismo, pero dos días después no somos capaces de recordar de qué se habló en ella, porque la enseñanza no penetró lo suficiente en nuestra mente. Ése es otro ejemplo de la mente que aprehende el objeto sin determinarlo.

Las consciencias que asumen correctamente

La cuarta consciencia es la última de lo que se llama las *consciencias no conocedoras*, en el sentido de que son concepciones y no percepciones y, por tanto, en realidad no "conocen" sus objetos. La consciencia que asume correctamente es una consciencia que concibe el objeto de acuerdo con la realidad, pero de una manera falible.

Aunque la inmensa mayoría de nuestras consciencias entran dentro de la categoría de consciencias no determinativas, la mayor parte de las mentes que sí determinan el objeto son consciencias que asumen correctamente. Determinamos el objeto, pero sólo a través de la suposición. Esta mente puede ser positiva, negativa o neutra, y es necesaria para desarrollar la verdadera mente de percepción directa.

Una mente que asume correctamente extrae su conclusión o bien sin basarse en ninguna razón en absoluto o bien basándose en una razón fallida. Lo hemos escuchado, parece correcto y, por tanto, lo aceptamos sin que nuestro propio razonamiento o nuestra experiencia tomen parte de ello. Aunque lo investiguemos de alguna manera, no llevamos esta investigación demasiado lejos. La investigación cesa antes de que se produzca un entendimiento pleno y claro y antes de que aquello que estamos investigando se vuelva incontrovertible; lo asumimos sin conocerlo completamente. *Asumir correctamente* significa simplemente eso –la mente ha asumido correctamente un objeto, pero es sólo una suposición que carece del peso del análisis o del entendimiento detallado. Con frecuencia, las suposiciones culturales se toman como verdades sin investigarlas. Conozco a muchos tibetanos que son personas muy sencillas y devotas que recitan mantras cada día y que tienen una fe inquebrantable en la ley de causa y efecto, pero no poseen un entendimiento de temas como las cuatro nobles verdades.

Puesto que esta consciencia asume en lugar de saber, no tiene la verdadera capacidad de reconocer realmente el objeto. Aprendemos lo que es la impermanencia y asumimos que las cosas son impermanentes, y eso es bueno hasta cierto punto, pero podemos correr un gran peligroso si nos sentimos satisfechos con nuestro análisis limitado y nunca vamos más allá, especialmente si nuestras suposiciones están acompañadas por una buena dosis de egoísmo intelectual. Por lo general, en el budismo tibetano hablamos de las tres sabidurías: la sabiduría de escuchar, la de contemplar y la de meditar. La consciencia que asume correctamente pertenece a la primera y sólo es verdaderamente útil si conduce a la segunda, que lleva lo que se ha entendido al siguiente nivel y finalmente conduce a una meditación unipuntualizada sobre el tema.

Los conocedores subsiguientes

Los tres últimos de la división séptuple son conocedores, mentes que verdaderamente llegan al objeto. Un *conocedor subsiguiente*, tal y como su nombre implica, es una cognición de algo que se ha aprehendido anteriormente. Es subsiguiente a una cognición válida nueva e inicial –tanto si es una percepción como si se trata de una inferencia. No es el primer momento de esa mente. Mi consciencia visual ve un bolígrafo. El primer momento es una percepción válida, el segundo momento es un conocedor subsiguiente. Los conocedores subsiguientes pueden ser perceptuales o conceptuales.

La diferencia entre *primero* y *subsiguiente* es un tema de debate entre los expertos budistas –algunos afirman que las mentes subsiguientes son válidas, y otros dicen que no– pero desde el punto de vista práctico, la diferencia no es tan importante.

Los conocedores inferenciales

Aunque un conocedor inferencial es una concepción en lugar de una percepción, éste capta su objeto de cognición de manera incontrovertible y, como tal, es una forma fiable de conocimiento como lo es un percibidor directo. Sin embargo, aunque el percibidor directo entra en contacto con su objeto de manera directa e inequívoca, un conocedor inferencial entra en contacto por medio de la deducción con las cosas que no están al alcance de la percepción. Muchos puntos, como el de la permanencia sutil o la ausencia de autoexistencia, están en este momento lejos de nuestra experiencia inmediata y sólo se pueden comprender a través de la cognición conceptual.

A medida que progresamos a lo largo del camino espiritual, se desarrolla nuestra capacidad para la lógica y nuestro entendimiento de los fenómenos ocultos se hace más profundo. Las cosas que una vez estaban ocultas para nosotros y que sólo se aceptaban a través del poder de la creencia se convierten en objetos de conocimiento. Tal vez ya has pasado por algunos momentos en los que has alcanzado cierto nivel de entendimiento acerca de un tema, no a través de la simple deducción lógica, sino porque se ha activado cierta compresión más profunda a través de un mecanismo más sutil. Podemos llamar a esto intuición, pero también podrían ser impresiones kármicas que maduran como consecuencia del encuentro con las condiciones adecuadas. Los budistas llaman a esto una realización espiritual, una comprensión especial. Podríamos tener un adecuado entendimiento intelectual de la impermanencia después de varios años de estudio, pero todo este conocimiento puede y debe solidificarse hasta que se convierta en incontrovertible. La mente que produce esto es un conocedor inferencial.

Los percibidores directos válidos

Los percibidores directos válidos, el último de la clasificación en siete, son consciencias que aprehenden el objeto directamente de una manera inequívoca. *Inequívoca* significa que no aparece ningún elemento falso ante la consciencia. La aprehensión del bolígrafo por la consciencia visual no tiene fallo. Lo que aparece es el bolígrafo real. Evidentemente, éste es un concepto de percepción más simple que el que hemos examinado anteriormente, en el cual el *aspecto* actúa como un velo entre la mente y el objeto.

La definición de *inequívoca* también elimina a las mentes equivocadas que no son conceptuales, pero que tampoco son percibidores directos. Algunas veces, ciertas consciencias sensoriales ven o escuchan cosas de forma completamente incorrecta debido a las distorsiones temporales. Aunque nos encontremos en un tren que comienza a salir de la estación, podemos sentir que el tren todavía está parado y que son las personas del andén las que se están moviendo. Esto, evidentemente, es un error. Aunque la percepción de que las personas se mueven es un percibidor directo, no es un percibidor directo *válido* porque no es inequívoco.

En la epistemología budista hay cuatro tipos de percibidores directos válidos.

1. percibidores directos sensoriales
2. percibidores directos mentales
3. percibidores directos autoconocedores
4. percibidores directos yóguicos

Los *percibidores directos sensoriales* operan con nuestra consciencia de los cinco sentidos. Los *percibidores directos mentales*, por otra parte, son percibidores directos que no forman parte de la consciencia sensorial. Los *percibidores directos autonocedores* también se conocen como conocedores de sí mismo, y son el aspecto de la mente que es consciente de sí misma y la fuente de la memoria. Estas mentes están aceptadas como existentes por todas las escuelas, salvo por la Prasangika Madhyamaka, la subescuela más elevada. Merece la pena que nos fijemos brevemente en los percibidores directos mentales, que se dice que son de dos tipos: (1) aquéllos que ocurren al final de una percepción directa sensorial y (2) la clarividencia.

Entre la consciencia sensorial que percibe un objeto y la consciencia conceptual que superpone el pensamiento conceptual sobre el objeto, se produce un breve momento de percepción directa mental. Esta consciencia es tan breve que las personas ordinarias no podemos reconocerla. Ese momento es un percibidor directo mental al final de una percepción sensorial.

El segundo tipo de percibidor directo mental es la clarividencia. Hay distintos tipos de clarividencia, como la clarividencia que es capaz de ver directamente la mente de los demás seres, o la clarividencia que ve sus vidas pasadas. Este tipo de percibidor directo es un subproducto de la profunda meditación para el desarrollo de la permanencia apacible.

Mientras que la clarividencia es casi un efecto secundario de la meditación, el desarrollo de los percibidores directos yóguicos es un objetivo esencial del adiestramiento meditativo. Aunque tenemos la capacidad para percibir de manera directa y sin esfuerzo cosas cómo formas y sonidos a través de nuestras consciencias visuales y auditivas, no tenemos esa capacidad por lo que respecta a fenómenos profundos como la impermanencia sutil o la ausencia de autoexistencia.

A través de la meditación y del razonamiento lógico comenzamos a comprender todos los temas en un nivel cada vez más profundo, pasando de la duda a la aseveración hasta llegar a la convicción absoluta. Sin embargo, al principio todo esto sólo ocurre dentro del proceso conceptual. Por lo que se refiere a la impermanencia, por ejemplo, tenemos un sentimiento cada vez más profundo de los cambios momentáneos que se producen en todas las cosas. La escuela Guelugpa afirma que sólo se puede alcanzar el grado de percibidor directo yóguico que comprenda directamente la impermanencia o la ausencia de la autoexistencia –una percepción– a través del conocedor inferencial válido –una mente conceptual. Pero a través de la meditación constante, esa imagen mental conceptual se convierte cada vez más en parte de nuestra mente hasta que trasciende la conceptualización y se convierte en una percepción directa. Ésta es una percepción directa yóguica –hemos conocido el objeto directamente, no a través de los sentidos, sino a través de nuestra consciencia mental.

A diferencia de la clarividencia, que es un logro no exclusivo de los practicantes budistas, los percibidores directos yóguicos sólo pueden existir en el continuo de seres superiores[30]. Aunque comparten algunas características con nuestros percibidores directos sensoriales, como la libertad de la conceptualización y ser inequívocos, los percibidores directos yóguicos sólo existen a través del adiestramiento. Para llevar a cabo este adiestramiento, necesitamos tener un entendimiento claro del proceso completo de desarrollo mental. El objetivo de tener un percibidor directo yóguico que conozca la impermanencia o la ausencia de autoexistencia parece algo imposible sin el entendimiento de los pasos definitivos alcanzables que nos puedan llevar hasta allí.

Comenzamos por las mentes conceptuales, empezando en la consciencia errónea que lo ve todo como permanente. A través de la lectura y de escuchar las enseñanzas, nuestras dudas se convierten en consciencia. Por ejemplo, después de escuchar o de leer algunas enseñanzas budistas, podemos empezar a dudar de que los fenómenos compuestos sean permanentes. Esta duda se transforma en una convicción y se convierte en una consciencia que asume correctamente. Con el tiempo, a través de una reflexión más profunda, finalmente se convierte en un conocedor inferencial.

¿Cómo convertimos esas mentes conceptuales en un percibidor directo yóguico? Debemos desarrollar permanencia apacible y después el conocimiento especial o sabiduría, primero por separado y luego conjuntamente. La unión de las dos no es un percibidor directo yóguico en sí, sino la herramienta que nos ayudará a desarrollarlo. Una vez que lo hayamos hecho, podemos incrementar nuestras realizaciones no sólo de impermanencia, sino también del vacío y de la bodhichita.

No debemos olvidar que afirmé que no hay ningún intermediario entre un percibidor directo y su objeto, a diferencia de la mente conceptual que está separada de su objeto mediante una imagen mental. Utilizando la unión del desarrollo de la permanencia apacible y del conocimiento especial –una mente que es al mismo tiempo profunda en la meditación y posee un fuerte entendimiento del objeto– podemos ir más allá de una consciencia que se base en las imágenes mentales. Cuando separamos nuestra mente de esas imágenes, nos quedamos con una percepción directa del propio objeto sutil. Una vez que hemos pasado por este proceso y hemos alcanzado esta realización, nunca degenerará, sino que permanecerá estable a lo largo de todos los ciclos de vida. Esto demuestra el extraordinario poder que tiene la mente de la percepción directa yóguica y debería inspirarnos para perseverar en su desarrollo.

DIFERENCIAS DE PROCESO ENTRE LA SABIDURÍA Y EL MÉTODO

Examinar esta división séptuple nos ayuda a ver cuál es el proceso que debemos llevar a cabo para poder alcanzar la Iluminación –desde la consciencia errónea hasta alcanzar una percepción directa del modo en el que las cosas verdaderamente existen. Sin embargo, hay una diferencia entre la sabiduría y el método.

Como ya sabemos, cuando trabajamos desde el punto de vista de la sabiduría estamos afrontando hechos, como el vacío o la impermanencia. Pero cuando desarrollamos la parte de nuestra mente dedicada al método, como la gran compasión y la bodhichita, estamos utilizando algo que es más complicado de precisar. Muchos textos explican que nuestro entendimiento conceptual del vacío o de la impermanencia puede convertirse en percepciones directas, aunque todavía no seamos seres Iluminados. Por otra parte, no podemos tener una percepción directa de la bodhichita hasta que no alcancemos la Iluminación.

La razón de todo esto es el objeto. Cada mente debe tener un objeto. El objeto de una mente que desarrolla una realización del vacío es el vacío en sí. El objeto de la mente que desarrolla una realización de la bodhichita es el sufrimiento de todos los seres sintientes y la Iluminación. Podemos arreglárnoslas para ver directamente el vacío que, supongamos, hay en nuestro cuerpo –es una tarea difícil pero no imposible. Pero hasta que no tengamos una mente omnisciente, es imposible conocer directamente todo el sufrimiento de cada uno de los seres sintientes.

Dentro de la tradición Mahayana, esto se considera el punto de diferencia entre los practicantes de la liberación individual y los practicantes del vehículo del bodhisatva. Cuando conocemos el vacío directamente, podemos alcanzar la liberación del sufrimiento, pero si nuestro objetivo es alcanzar la completa Iluminación o Budeidad, nuestra meditación debería concentrarse en el sufrimiento de todos los seres sintientes. Se dice que la Liberación se puede alcanzar a lo largo de las distintas vidas, pero para alcanzar la Iluminación se necesita tres innumerables y grandes eones.

Según nuestra tradición, ambas perspectivas, la sabiduría y el método, deben desarrollarse a la par. En las primeras etapas, ambas son mentes conceptuales, pero las desarrollamos de diferentes maneras. A continuación, resulta comparativamente sencillo transformar nuestra sabiduría en un percibidor directo, pero no sucede lo mismo con el método. Sin lugar a dudas, la bodhichita y la gran compasión se pueden realizar antes de la Iluminación, y podemos tener experiencias muy intensas con relación a ellos, pero no se pueden experimentar *directamente*. En el contexto de la división séptuple, no se convierten directamente en percibidores directos, sólo en consciencias que asumen correctamente.

En los textos sobre el *lamrim*, o el sendero gradual que conduce a la Iluminación, los temas del desarrollo de la permanencia apacible y del conocimiento especial se enseñan después de la bodhichita. En el budismo tibetano, y particularmente en la presentación Guelugpa durante las primeras etapas no desarrollamos estos grandes temas con mucho detalle, concentrándonos por el contrario en sentar las bases del estudio. Sin embargo, estoy convencido de que sin el desarrollo de la permanencia apacible y la sabiduría no podemos experimentar conocimientos directos de ningún tipo. Los temas anteriores que se encuentran dentro del *lamrim* seguirán siendo ejercicios intelectuales y no penetrarán profundamente en nuestra consciencia hasta que no los hayamos enraizado por medio de una meditación estable y profunda.

La percepción directa del vacío comienza en el sendero de la visión, el tercero de los cinco senderos de un bodhisatva. Ésta es una mente muy sutil, y se corre el riesgo, especialmente durante las etapas avanzadas de meditación, de que nos conduzcan a una dichosa ecuanimidad de la cual no querremos emerger. En algunos sutras Mahayana se dice que cuando muchos practicantes de la liberación individual llegan a cierto punto, la sabiduría que alcanza el vacío se convierte en absorción meditativa que puede mantenerlos en un dichoso éxtasis durante muchos eones. Nuestro objetivo es alcanzar la plena Iluminación para el beneficio de todos los seres y, si tenemos esto en cuenta, entonces no nos detendremos en mitad el camino.

Resulta difícil desarrollar esta mente mientras todavía tratamos de afrontar las aflicciones mentales burdas que inundan nuestra vida diaria. Las capas de la mente deben estar sistemáticamente separadas para poder sacar a la luz los estratos eternamente sutiles de aflicción. La felicidad –tanto la nuestra como la de los demás– depende de alcanzar estos niveles más profundos de mente y de desarrollar tanto la sabiduría como el método en nuestra práctica. Y para poder llevar a cabo esto, debemos cultivar un profundo entendimiento de la mente y de cómo ésta funciona.

El entendimiento de la mente, que es el tema principal de los textos Abhidharma y Pramana, se ha desarrollado a lo largo de los siglos por Maestros que no sólo han sido grandes expertos en lógica, sino que también han sido extraordinarios meditadores. Sus teorías no se han formulado en aislamiento, sino en los laboratorios de sus propias mentes; han llegado a experimentar verdaderamente los estados mentales sobre los que han escrito.

En mi opinión, gran parte de este entendimiento no sólo es pertinente, sino que también es vital para nuestra vida presente. Nuestro mundo se encuentra en crisis, una crisis producida en gran medida por una ignorancia del verdadero camino que conduce a la felicidad. Miremos a nuestro alrededor y veamos si esto no es así. En nuestra propia vida, en la vida de las demás personas que conocemos, y en el modo en el que las culturas de todo el mundo se están desarrollando, se deja cada vez más de lado todo lo espiritual y se toma el placer material; la satisfacción profunda y duradera se deja de lado a favor del placer rápido. Esto se debe a una ignorancia del papel que desempeña la mente en la creación de la felicidad y del sufrimiento.

En nuestra codicia por acumular posesiones, estamos creando el mundo en el que vivimos. Gandhi dijo que el mundo tiene suficientes recursos para satisfacer las necesidades humanas pero no para satisfacer la codicia del hombre, y es codicia lo que vemos que se manifiesta con tanta intensidad en nuestra vida de hoy. Posiblemente, no hay más codicia hoy de la que había en épocas anteriores, pero con el incremento de la población y los avances de la tecnología, ahora disponemos del potencial suficiente para destruir la delicada infraestructura de este planeta. La sabiduría siempre ha sido necesaria, pero nunca lo ha sido tanto como ahora.

Todos disponemos de las herramientas adecuadas para experimentar una enorme transformación, tanto en nosotros mismos como en el mundo en el que vivimos. Lo único que necesitamos es tener una mente inquisitiva y perseverante. La mente es compleja, pero no inconocible. Los temas de los que hemos hablado en este libro tienen como objetivo el entendimiento de la mente y el uso de ese entendimiento para transformarla. Tal y como sucede con cualquier otra herramienta, su utilización depende únicamente de nosotros mismos.

APÉNDICE

LOS CINCUENTA Y UN FACTORES MENTALES[31]

Factores mentales onmipresentes

(1) contacto (2) discernimiento (3) sensación (4) intención (5) implicación con el objeto

Factores mentales que determinan el objeto

(6) aspiración (7) aprecio (8) atención (9) concentración (10) inteligencia

Factores mentales variables

(11) sueño (12) arrepentimiento (13) examen general (14) análisis preciso

Factores mentales saludables

(15) fe (16) respeto hacia uno mismo (17) consideración hacia los demás (18) desapego (19) no odio (20) no ignorancia (21) entusiasmo (22) flexibilidad (23) rectitud (24) ecuanimidad (25) no violencia

Aflicciones mentales principales

(26) aversión, ira (27) apego (28) orgullo (29) ignorancia (30) visiones u opiniones aflictivas [la visión de lo compuesto transitorio; visiones extremas; sensaciones de superioridad; visiones que

consideran que disciplinas insatisfactorias morales y espirituales son supremas; visiones erróneas] (31) indecisión aflictiva

Aflicciones mentales derivadas
Aflicciones derivadas de la ira:
(32) furia (33) venganza (34) rencor (35) envidia (36) crueldad

Aflicciones derivadas del apego:
(37) avaricia (38) autocomplacencia (39) excitación

Aflicciones derivadas de la ignorancia:
(40) ocultación (41) espesor (42) falta de fe (43) pereza (44) olvido (45) falta de atención

Aflicciones derivadas tanto del apego como de la ignorancia:
(46) pretensión (47) deshonestidad

Aflicciones derivadas de las tres:
(48) desvergüenza (49) falta de consideración hacia los demás (50) inconsciencia (51) distracción

NOTAS

1. Para más información sobre este sutra, véase el volumen 1 de esta serie. La tradición Theravada es el budismo que se practica en Sri Lanka, Tailandia y Myanmar, mientras que la tradición Mahayana engloba el budismo que se practica en Tíbet, China, Corea y Japón.

2. Los cuatro sellos son: todos los fenómenos compuestos son impermanentes; todos los fenómenos contaminados son por naturaleza sufrimiento; todos los fenómenos están vacíos de autoexistencia y el Nirvana es la auténtica paz.

3. Gyatso, Tenzin, el Decimocuarto Lama, *MindScience: An East-West Dialogue*, ed. por Goleman y Thurman (Boston: Wisdom Publications, 1991), p. 16.

4. Yeshe, Lama Thubten, *Becoming Your Own Therapist* (Boston: Lama Yeshe Wisdom Archive, 2004), p. 89.

5. La *material sutil* es física, pero no se puede ver ni medir por medio de instrumentos y, por tanto, su existencia no está corroborada por la ciencia moderna. En este ejemplo, el órgano o poder del sentido visual es un órgano material sutil que reside dentro del ojo y media entre el ojo y la consciencia visual. La materia sutil también desempeña un papel importante como vehículo para la consciencia sutil, igual que el cuerpo físico ordinario, incluyendo el sistema nervioso, es un vehículo para la consciencia burda. Es lo que se llama el cuerpo sutil sobre el que cabalga la mente durante el estadio intermedio entre reencarnaciones.

6. El budismo describe tres reinos donde viven los seres —los reinos del deseo, de la forma y el reino inmaterial. Los últimos dos reinos se alcanzan a través de la profunda práctica meditativa y no dependen de los cuerpos físicos burdos. El reino del deseo engloba seis tipos de renacimiento: los seres del infierno, los fantasmas hambrientos, los animales, los seres humanos, los dioses celosos y los dioses. El objetivo del budismo es escapar del ciclo donde uno nace una y otra vez en los tres reinos a través de la fuerza del karma contaminado.

7. Rabten, Geshe, *The Mind and Its Functions* (Le Mont-Pèlerin, Suiza: Ediciones Rabten Choeling, 1978), p. 20.

8. La literatura Dzogchen utiliza el término *rigpa* de una manera un poco distinta. La palabra tibetana para referirse a la mente mencionada anteriormente, *lo*, se refiere a los estados mentales y no al conocimiento básico. *Sem*, que se corresponde al sánscrito *citta*, es otra palabra común tibetana para referirse a la mente.

9. Gyatso, *MindSience*, p. 21.

10. *Dhammapada*, I:1-2, Citado en Rabten, *The Mind and Its Functions*, p. 11.

11. Gyatso, *MindSience*, p. 16.

12. Yeshe, *Becoming Your Own Therapist*, p. 31.

13. *Aislamiento* (*Idog pa*) es un término filosófico para referirse a la abstracción mental de un objeto. Técnicamente, significa lo opuesto a todo lo que no es el objeto. Por ejemplo, el aislamiento de una manzana es la no-no manzana. El mismo objeto puede producir diferentes aislamientos, dependiendo de qué aspecto se tiene en cuenta. El capítulo 6 explora este elemento de la concepción con mayor detalle.

14. Para una explicación, véase Rabten, *The Mind and Its Functions*, pp. 142-151.

15. Los doce vínculos son: la ignorancia, el karma, la consciencia, el nombre y la forma, los seis sentidos, el contacto, la sensación, el apego, el ansia, la existencia y la vejez y la muerte. Para una explicación de ellos, véase Tsering, Geshe Tashi, Las cuatro verdades nobles (Amara, Ciutadella de Menorca, 2006) p. 118.

16. Si desea encontrar un relato más tradicional, véase Rabten, *The Mind and Its Functions*, pp. 137-162.

17. Los términos *aflicción mental, emoción aflictiva, estado mental negativo y emoción negativa* son traducciones diferentes del mismo término (en sánscrito, *klesha*; en tibetano *nyönmong*) que es difícil de plasmar completamente en nuestro idioma. Abarca a todos los factores mentales no saludables de los que hemos hablado en el capítulo anterior y tiene unas dimensiones cognitivas y afectivas. Su efecto es una perturbación en el cuerpo y en la mente que oscurece la percepción.

18. Shantideva, *A Guide to the Bodhishattva's Way of Life*, V:13, trad. Batchelor (Dharamsala, India, LTWA, 1981), p. 41

19. Shantideva, *A Guide to the Bodhishattva's Way of Life*, VI:20, p. 63

20. Shantideva, *A Guide to the Bodhishattva's Way of Life*, VI: 10, p. 61.

21. Shantideva, *A Guide to the Bodhishattva's Way of Life*, VI: 41, p. 67.

22. Rabten, *The Mind and Its Functions*, p. 135.

23. Citado en Dreyfus, Georges B.J., *Recognizing reality: Dharmakirti's Philosophy and Its Tibetan Interpretation* (Albany, NY: State University of New York Press, 1997), p. 244

24. De los cuatro tipos de percepción citados en estas tres escuelas –la percepción sensorial, la percepción mental, la percepción del autoconocedor y la percepción yóguica– la subescuela superior, Prasangika Madhyamaka, niega la existencia del autoconocedor, afirmando que no es necesario para que funcione la memoria.

25. Citado en Dreyfus, Georges B.J., *Recognizing reality*, p. 288.

26. Citado en Dreyfus, Georges B.J., *Recognizing reality*, p. 304

27. Citado en Dreyfus, Georges B.J., *Recognizing reality*, p. 303

28. Ibíd.

29. Yeshe, *Becoming Your Own Therapist*, p. 60

30. Un ser superior, o *arya*, es uno que ha alcanzado el tercero de los cinco niveles del sendero budista, el de la visión. Los cinco senderos son: el sendero de la acumulación, el sendero de preparación, el sendero de la visión, el sendero de la meditación y el sendero de no más aprendizaje. Lo que se "ve" en el sendero de la visión es precisamente esta percepción yóguica directa de la ausencia de autoexistencia o vacío. Véase Tsering, *Las cuatro verdades nobles*, p. 184.

31. Las traducciones en esta lista se han extraído en gran medida de la obra de Gueshe Rabten, *The Mind and Its Functions*, que ha sido traducido por Stephen Batchelor. Véanse los capítulos 7-9 de ese volumen para encontrar breves descripciones de cada uno de esos factores mentales.

GLOSARIO

ABHIDHARMA (sánscrito): una de las tres "cestas" de enseñanzas extraídas de los sutras, relacionada con la metafísica y la sabiduría.

ARHAT (sánscrito): es un practicante que ha alcanzado el estado de no más aprendizaje según el vehículo de Liberación individual.

ARYA (sánscrito): un ser "superior", o uno que ha alcanzado una realización directa de la vacuidad.

ASPECTO: (tibetano: *nampa*): es la parte de la consciencia que actúa como intermediaria, permitiendo que la percepción aprehenda su objeto.

BODHICHITA (sánscrito): es la mente que desea de forma espontánea alcanzar la Iluminación para beneficiar a los demás; es el corazón completamente abierto y dedicado.

BODHISATVA (sánscrito): es alguien cuya práctica espiritual se dirige hacia la consecución de la Iluminación por el bienestar de todos los seres; una persona que posee la motivación compasiva de la bodhichita.

BODHISATAVAYANA (sánscrito): es el "vehículo" o sendero del bodhisatva.

BUDA, (sánscrito): es el Buda histórico, Sakyamuni Buda.

BUDA, un (sánscrito): es un ser completamente Iluminado; una persona que ha eliminado todos los oscurecimientos que velan la mente y ha desarrollado todas las buenas cualidades de la perfección; es la primera de las Tres Joyas de Refugio.

BUDADHARMA (sánscrito): son las enseñanzas de Buda.

CESACIÓN: es el final de todo sufrimiento, normalmente se refiere a la tercera de las cuatro verdades nobles —la verdad de la cesación del sufrimiento y de sus causas.

CHITAMATRA (sánscrito): es la escuela Sólo Mente; la tercera de las cuatro escuelas filosóficas budistas que se estudian en el budismo tibetano.

CINCO AGREGADOS: es la forma tradicional de dividir a una persona en componentes psicofísicos. Los agregados son forma (cuerpo), sensación, discernimiento, factores composicionales y consciencia (mente).

CONOCEDOR VÁLIDO: es una mente que conoce/aprehende su objeto correctamente.

CUATRO SELLOS, LOS: son los principios básicos del budismo, también llamados las cuatro opiniones o los cuatro axiomas. Son (1) todos los fenómenos compuestos son impermanentes, (2) todos los fenómenos contaminados son, por naturaleza, sufrimiento, (3) todos los fenómenos están vacíos de autoexistencia y (4) el nirvana es la verdadera paz.

CUATRO VERDADES NOBLES, LAS: es el primer discurso de Buda; las cuatro verdades nobles son la verdad del sufrimiento, la verdad del origen del sufrimiento, la verdad de la cesación del sufrimiento y la verdad del sendero que conduce a la cesación del sufrimiento.

DESARROLLO DE LA PERMANENCIA APACIBLE (sánscrito, *shamatha*; tibetano, *shiné*): es la meditación para el desarrollo de la concentración en un solo punto (samadhi), la mente que está completamente libre de la agitación sutil y del espesor sutil.

DHARMA: (sánscrito): literalmente significa "aquello que protege (a uno del sufrimiento)"; muchas veces se refiere a las enseñanzas de Buda, pero de manera más general, se refiere a cualquier cosa que ayude al practicante a alcanzar la Liberación; es la segunda de las Tres Joyas de Refugio.

DHARMAKAYA (sánscrito): Cuerpo de Verdad: junto con el *rupakaya*, uno de los cuerpos que se alcanza cuando un ser logra la Iluminación; es el resultado del aspecto de la práctica relacionado con la sabiduría.

DOCE VÍNCULOS DE ORIGINACIÓN DEPENDIENTE, LOS: son la serie de causas y efectos que nos mantienen atrapados en la existencia cíclica. Véase la nota 15.

RELACION DEPENDIENTE: es el origen en dependencia de las causas y de las condiciones.

EPISTEMOLOGÍA: es el estudio de cómo la mente adquiere y convalida el conocimiento.

ESTADO INTERMEDIO (tibetano, *bardo*): es el estado que atraviesa un ser sintiente que se encuentra entre la muerte y la siguiente reencarnación.

EXISTENCIA CÍCLICA: *véase* samsara.

EXISTENTE INHERENTEMENTE: existente por sí mismo, sin depender de causas ni de condiciones, ni de una concepción que ponga etiquetas.

FALSA VISIÓN DE LO COMPUESTO Y TRANSITORIO: es la ignorancia que aprehende de modo erróneo el yo como algo que existe independientemente o inherentemente.

GELUG (tibetano): fundada por Lama Tsongkhapa, es una de las cuatro escuelas de budismo tibetano; las otras son Sakya, Nyngma y Kagyu.

GUESHE: (tibetano): es el título que se asigna a un Maestro en la secta Gelug que ha completado el adiestramiento filosófico y monástico más extensivo.

GOMPA (TIBETANO): es una sala de rezos o de meditación ubicada en un monasterio, literalmente el lugar (*pa*) para la meditación (*gom*).

IMPRESIÓN KÁRMICA (en tibetano, *pak chak*): es la energía o la predisposición dejada por un acto en la corriente mental que permanecerá hasta que madure en forma de resultado o hasta que se purifique.

KARMA (sánscrito): acción; la ley natural de causa y efecto en donde las acciones positivas producen felicidad y las acciones negativas producen sufrimiento.

LAMA TSONGKHAPA (1357-1419): un gran Maestro tibetano y fundador de la tradición Gelug.

LAMRIM (tibetano): el sendero gradual que lleva a la Iluminación: las presentación tradicional de las enseñanzas de Buda según la escuela Gelug de budismo tibetano.

LAMRIM CHENMO (tibetano): *Las grandes etapas del sendero*; es el extenso lamrim escrito por Lama Tsongkhapa.

LORIG (sánscrito): literalmente significa "consciencia y conocimiento"; es el curso monástico preeliminar que se realiza antes de estudiar el Abhidharma y el Pramana, los dos principales acercamientos a la mente.

MADHYAMAKA (sánscrito): el camino medio; la más elevada de las cuatro escuelas filosóficas de la India que se estudia en los monasterios tibetanos.

MAHAYANA (sánscrito): literalmente el Gran Vehículo; representa a una de las dos principales divisiones del pensamiento budista; la tradición Mahayana se practica en Tíbet, Mongolia, China, Vietnam, Corea y Japón; el pensamiento Mahayana pone énfasis en la bodhichita, en la sabiduría que realiza la vacuidad, y en la Iluminación.

NIRMANAKAYA (sánscrito): es el Cuerpo de Emanación; de los dos aspectos del cuerpo de la forma (*rupakaya*) de un Buda, es el que pueden ver los seres ordinarios.

NIRVANA (sánscrito): es un estado de libertad de todos los engaños y del karma, una vez liberados de la existencia cíclica (samsara).

NOBLE ÓCTUPLO SENDERO: es el discurso de Buda en el cual explica los distintos atributos que debemos desarrollar para alcanzar la Liberación del sufrimiento; éstos son; recto lenguaje, recta acción, rectos medios de vida, recto esfuerzo, recta atención, recta concentración, recto entendimiento y recto pensamiento.

PALI: es el idioma de la India antigua utilizado en los primeros textos canónicos budistas (Theravada).

PRACTICANTE DE LA LIBERACIÓN INDIVIDUAL: es un practicante que se encuentra en el sendero que conduce a la Liberación (frente al practicante del vehículo universal, que se encuentra en el sendero que conduce a la Iluminación).

PRAJNAPARAMITA (sánscrito): es la perfección (*paramita*) de la sabiduría (*prajna*); cuerpo de sutras Mahayana que enseñan explícitamente el vacío, aunque enseñan implícitamente los senderos del bodhisatva. El *Sutra del Corazón* es un ejemplo.

PRAMANA (sánscrito): conocimiento válido; es el estudio de cómo la mente puede conocer algo incontrovertiblemente.

PRASANGIKA MADHYAMAKA (sánscrito): es la escuela de la Consecuencia del Sendero Medio; es la más elevada de las dos subdivisiones de la escuela Madhyamaka, frente a la Svatantrika Madhyamaka.

REINO DE LA FORMA: es el segundo de los tres estados de existencia, donde los seres han alcanzado un grado elevado de concentración y están libres del dominio de los sentidos.

REINO DE LO INMATERIAL: es el tercero de los tres estados de existencia de los seres sintientes, donde éstos alcanzan el pico máximo de existencia cíclica, un reino de pura mente.

REINO DEL DESEO: de los tres reinos de existencia que hay dentro del samsara, es el reino en el que vivimos, que está dominado por los sentidos.

RUPAKAYA (sánscrito): Cuerpo de la Forma; uno de los dos cuerpos de un Buda después de alcanzar la Iluminación (el otro es el *dharmakaya*); es el resultado del aspecto del método del sendero.

SAMBHOGAKAYA (sánscrito): Cuerpo de Deleite; de los dos aspectos que presenta el Cuerpo de la Forma (*rupakaya*) de un Buda, aquél que sólo lo pueden ver los seres arya.

SAMSARA (sánscrito): la existencia cíclica, el estado de renacimiento constante por causa de los engaños y el karma.

SÁNSCRITO: es el antiguo idioma indio utilizado en los textos Mahayana.

SAUTRANTIKA (sánscrito): la escuela del "Sistema de Sutra"; la segunda de las escuelas filosóficas budistas estudiadas en el budismo tibetano.

SHAMATA (sánscrito): véase desarrollo de la permanencia apacible.

SHASTRA (sánscrito): es un clásico comentario indio sobre las enseñanzas de Buda.

SUTRA (sánscrito): un verdadero discurso de Buda.

SUTRA PITAKA (sánscrito): es una de las tres cestas de las enseñanzas de Buda; son textos que contienen sus discursos públicos.

SUTRAYANA (sánscrito): es el vehículo de la tradición Mahayana que toma los sutras budistas como su principal fuente de textos.

SVATANTRIKA MADHYAMAKA (sánscrito): es la escuela de la Autonomía, la primera subescuela de Madhyamaka, la otra es la Prasangika Madhyamaka.

TANTRA (sánscrito): literalmente, hilo o continuidad; un texto de enseñanzas esotéricas del budismo; con frecuencia se refiere a esas mismas enseñanzas.

TANTRA YOGA SUPERIOR: (sánscrito, *anuttarayoga tantra*): es la más superior de las cuatro clases de tantra; las otras son la acción (sánscrito, *kriya*), representación (sánscrito, *charya*) y el tantra yoga.

TANTRAYANA (sánscrito): (también Mantrayana, Vajrayana) es el vehículo del tantra.

THERAVADA (sánscrito): una de las escuelas del pensamiento budista original de la tradición Theravada. Pone énfasis en la Liberación y no en la Iluminación; el nombre usado más comúnmente en los textos tibetanos, Hinayana (vehículo menor), conlleva una connotación imprecisa de inferioridad.

TRES REINOS, LOS: son los tres estados de existencia en los cuales habitan los seres sintientes; el reino del deseo (nuestro mundo), el reino de la forma y el reino de lo inmaterial.

TRES VENENOS, LOS: ignorancia, aversión y apego –los tres estados de la mente principales que nos mantienen en el samsara– de los cuales emergen todas las demás emociones aflictivas.

TRIPITAKA (sánscrito): son las "tres cestas" de las enseñanzas de Buda; el modo en el cual están divididos los textos canónicos del budismo: Vinaya Pitaka (relativa a la conducta), Sutra Pitaka (relativo a la concentración) y Pitaka Abhidharma (relativa a la metafísica).

VEHÍCULO UNIVERSAL: *véase* Mahayana.

VAIBHASHIKA (sánscrito): es la escuela de la Gran Exposición; es la primera de las cuatro escuelas filosóficas budistas estudiadas en el budismo tibetano.

VAJRAYANA (sánscrito): (también Mantrayana, Tantrayana) es el vehículo del tantra.

VINAYA PITAKA (sánscrito): es una de las "tres cestas" de las enseñanzas de Buda cuyo enfoque es la conducta ética, como la monástica y los votos laicos o la administración de los monasterios.

BIBLIOGRAFÍA

Dreyfus, Georges B. J. *Recognizing Reality: Dharmakirti's Philosophy and Its Tibecan Interprecation*. Albany, N.Y.: State University of New York Press, 1997.

Gyatso, Tenzin, el Decimocuarto Dalai Lama. *MindScience: An East West Dialogue*. Editado por Daniel Goleman y Robert A. F. Thurman. Boston: Wisdom Publications, 1991.

Rabten, Gueshe. *The Mind and Its Functions*. Traducido y editado por Stephen Batchelor. Le Mont-Pelerin, Suiza: Ediciones Rabten Choeling, 1978; reeditado en 1992.

Shantideva. *A Guide to the Bodhisaceva's Way of Life*. Traducido por Stephen Batchelor. Dharamsala, India: Library of Tibetan Works and Archives, 1981.

Tsering, Gueshe Tashi. *Las cuatro verdades nobles*, Ediciones Amara, Ciutadella de Menorca, 2006.

Yeshe, Lama Thubten. *Becoming Your Own Therapist*. Boston: Lama Yeshe Wisdom Archive, 2003.

En español.

Destellos de Sabiduría. La Guía a la Forma de Vida del Bodhisatva de Shantideva. Introducción y traducción de Isidro Gordi. Publicado por Ediciones Amara en 1995.

F

G

H

N

O

P

FUNDAMENTOS DEL PENSAMIENTO BUDISTA

Los Fundamentos del Pensamiento Budista es un curso de dos años de duración de estudios budistas creado por Gueshe Tashi Tsering del Centro Budista Jamyang de Londres. El programa estudia la profundidad de la filosofía del budismo tibetano para ejemplificar cómo el budismo puede afectar verdaderamente el modo de vida que llevamos. *Los Fundamentos del Pensamiento Budista* son parte del estudio esencial de la Fundación para la preservación de la Tradición Mahayana (FPMT). Este curso se puede realizar o bien asistiendo al centro o por correspondencia. Consta de los siguientes seis módulos de cuatro meses:

- Las Cuatro Nobles Verdades
- La Verdad Relativa, la Verdad Última
- Estudio de la Mente/Psicología Budista
- La Mente del Despertar
- La Vacuidad
- El Tantra

Además de estar relacionado con cada libro, cada módulo incluye aproximadamente quince horas de enseñanzas de audio editadas de manera profesional en formato CD, MP3 o cintas de audio, extraídas del curso que Geshe Tashi impartió en Londres entre 2001 y 2003. Este material de audio se utiliza juntamente con una serie de meditaciones guiadas que permiten explorar cada uno de los temas en profundidad. Cada estudiante también es parte de un grupo de estudio conducido por un tutor que plantea una serie de debates dos veces al mes, ayudando al estudiante a trasladar esos temas a la vida a través del diálogo activo con otros miembros del grupo. Los trabajos y los exámenes también son parte esencial del currículum. Esta mezcla de lectura, meditación, debate y escritos se asegura de que cada uno de los estudiantes obtendrá un entendimiento y un dominio de esos conceptos profundos e importantes.

Un aspecto vital del curso es el énfasis que pone Gueshe Tashi en el modo en el que esos temas afectan a nuestra vida diaria. Incluso un tema filosófico, como la verdad relativa y la verdad última, se estudia desde la perspectiva de las decisiones que tomamos a diario, y el modo en el que empezamos a desarrollar un método más realista de vivir de acuerdo con los principios del pensamiento budista.

"Realmente te cambia la vida. De repente, han encajado todas las piezas del rompecabezas que era el Dharma". *Un estudiante del curso.*

Para más información sobre *Los Fundamentos del Pensamiento Budista*, por favor, visite nuestra página web en **www.buddhistthought.org**. Para más información sobre los programas de estudio del FPMT, por favor, visite **www.fpmt.org**.

También disponible

Las cuatro verdades nobles de Buda
Fundamentos del pensamiento budista
Volumen 1. 210 páginas. ISBN: 84-95094-17-7.

Este volumen proporciona una presentación completa de la obra seminal de Buda, Las Cuatro Verdades Nobles, que resumen los principios fundamentales de la perspectiva budista. Son una estructura esencial para comprender todas las demás enseñanzas de Buda.